Zhongguo Wenhua
Zhishi Duben

中国文化知识读本

主编 金开诚

编著 董晓慧

吉林出版集团有限责任公司

吉林文史出版社

王国维与《人间词话》

图书在版编目（CIP）数据

王国维与《人间词话》/ 董晓慧编著 . 一长春：
吉林出版集团有限责任公司：吉林文史出版社，2009.12（2022.1重印）
（中国文化知识读本）
ISBN 978-7-5463-1980-3

Ⅰ . ①王… Ⅱ . ①董… Ⅲ . ①王国维（1877～1927）
－人物研究②人间词话－文学研究 Ⅳ . ① K825.4
② I207.23

中国版本图书馆 CIP 数据核字（2009）第 237388 号

王国维与《人间词话》

WANGGUOWEI YU RENJIAN CIHUA

主编/ 金开诚 编著/董晓慧

责任编辑/曹恒 于涉 责任校对/樊庆辉

装帧设计/曹恒 摄影/金诚 图片整理/董昕瑜

出版发行/吉林文史出版社 吉林出版集团有限责任公司

地址/长春市人民大街4646号 邮编/130021

电话/0431-86037503 传真/0431-86037589

印刷/三河市金兆印刷装订有限公司

版次/2009 年 12 月第 1 版 2022 年 1 月第 5 次印刷

开本/650mm×960mm 1/16

印张/8 字数/30千

书号/ISBN 978-7-5463-1980-3

定价/34.80元

关于《中国文化知识读本》

　　文化是一种社会现象，是人类物质文明和精神文明有机融合的产物；同时又是一种历史现象，是社会的历史沉积。当今世界，随着经济全球化进程的加快，人们也越来越重视本民族的文化。我们只有加强对本民族文化的继承和创新，才能更好地弘扬民族精神，增强民族凝聚力。历史经验告诉我们，任何一个民族要想屹立于世界民族之林，必须具有自尊、自信、自强的民族意识。文化是维系一个民族生存和发展的强大动力。一个民族的存在依赖文化，文化的解体就是一个民族的消亡。

　　随着我国综合国力的日益强大，广大民众对重塑民族自尊心和自豪感的愿望日益迫切。作为民族大家庭中的一员，将源远流长、博大精深的中国文化继承并传播给广大群众，特别是青年一代，是我们出版人义不容辞的责任。

　　《中国文化知识读本》是由吉林出版集团有限责任公司和吉林文史出版社组织国内知名专家学者编写的一套旨在传播中华五千年优秀传统文化，提高全民文化修养的大型知识读本。该书在深入挖掘和整理中华优秀传统文化成果的同时，结合社会发展，注入了时代精神。书中优美生动的文字、简明通俗的语言、图文并茂的形式，把中国文化中的物态文化、制度文化、行为文化、精神文化等知识要点全面展示给读者。点点滴滴的文化知识仿佛繁星，组成了灿烂辉煌的中国文化的天穹。

　　希望本书能为弘扬中华五千年优秀传统文化、增强各民族团结、构建社会主义和谐社会尽一份绵薄之力，也坚信我们的中华民族一定能够早日实现伟大复兴！

目录

一 国学大师的少年往事

海宁观潮

（一）海宁盛潮育学人

王国维清朝光绪三年出生在浙江海宁（今浙江省海宁市），这一年在农历上是丁丑牛年。海宁素来是观潮胜地，曾经以"一线横江"被誉为"天下奇观"。时至今日，海宁观潮仍然是浙江省非常重要的旅游项目之一。被称为"世界一绝"的海宁潮，千百年来使无数名人游客为之倾倒。海宁观潮之风自汉朝时即兴起，唐宋时兴盛。李白、白居易、苏东坡等人在一睹此天下奇观后都留下了咏潮的诗词。孙中山、毛泽东等近代伟人，也曾来海宁观潮，并留有诗文。北宋词人潘阆所唱"长忆观潮，满郭人争江上望。来疑沧海尽成空，万面鼓声中。弄潮儿向涛头立，手把红旗旗不湿，别来几向梦中看，梦觉尚心寒"，便是对海宁潮盛况的真实写照。苏东坡也曾用"八月十八潮，壮观天下无"的诗句来形容海宁潮。

钱塘江水浩渺如烟，奔腾不息，声震千里，潮涨潮落，昼夜不停。这样的盛况和奇景孕育了一代又一代的海宁人。唐朝著名诗人顾况、宋代大哲学家张九成、近代著名科学家李善兰、现代著名诗人徐志摩以及具有武侠小说"泰斗"之称的作家金庸，都出生在这里。

王国维也是伴着海宁的涛声浪语出生并成长的。

王国维（1877—1927年），初名国桢，字静安，

钱塘江大潮

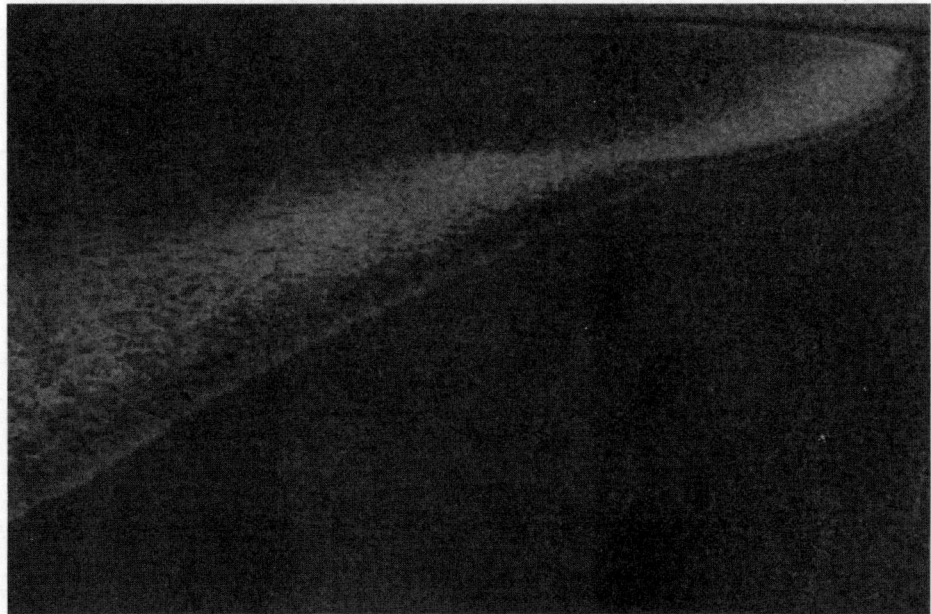

又字伯隅，后人多称他"王静安"或"静安君"。

王国维的父亲王乃誉（1847—1906年），字与言，号纯斋，居家以后改号承宰、娱庐，是一位安贫乐道的学子。王国维的远祖，是经历了北宋末年"靖康之变"、被皇帝追谥为"忠壮公"的大将军王禀。王禀为何被皇帝追谥为"忠壮公"，我们还得从头说起。靖康元年（1126年），身为都统的王禀奉命坚守太原城，抗击金兵。在战争中，他宁死不屈，最终怀抱太宗画像，带领长子王荀投汾水河殉国。王禀视死如归、誓死殉国的义举大振了兵威，使得建

王禀投河殉国，大振士气

康（今江苏南京）的局势得以缓解。为表彰他的功绩，宋高宗赵构追封王禀为化郡王，谥号忠壮，并追封他的儿子王荀为右武大夫、恩州刺史，还给王禀的另外两个儿子王庄、王岊加封了官职，召见了王禀长孙王沆，并在海宁为王家赐宅设府。从此，王家便成了海宁的名门望族。可等到了王国维父亲这一辈，王家已是家道中落，王氏威名也渐渐远去。

虽然日子过得十分清贫，但王国维的出生，还是给已过而立之年的父亲带来了无限惊喜。正所谓"不孝有三，无后为大"，对于门丁冷落的王乃誉一家来说，王国维的出生给这个家庭带来了无尽的欢乐。每个人都有自己的童年，但王国维的母亲凌氏在他刚2岁时便去世了。对于丧母之痛，年仅2岁的他无从真正体会，唯有母亲出殡那天，乡民们的号哭声才令他领悟到到底发生了什么。他先天身体羸弱，加之母亲过世得早，便养成了忧郁的性情，这种性格伴随了他的一生。

王国维像

（二）家事国事有志少年

幼年丧母，家世清贫，幼年的王国维只能由伯祖母和祖姑母代为照看，两位老人自是十分疼爱王家的这根独苗，但她们也只能照顾他的饮食起居，却难以抚慰他孤独的心灵。众所周知，母亲的言传身教对一个孩子的成长至关重要。从西方到东方，凡是在学术界有成就的人，大多与母亲对他们的教育有关。王国维曾在他的一篇文章中介绍俄国文学大师列夫托尔斯泰的生平，他这样说："托尔斯泰虽贵家子，而幼年遭际坎坷。三岁失恃，九岁失怙，遂与诸兄弟同寄养于萨铿伯爵夫人之家，徙居莫斯科。夫子，其姑也。三年后，不幸姑母亦弃世，复经母家之戚日腊噶阿夫人者抚养之。……然以童稚之年，流离转徙，亦可谓人生之不幸也。"

王国维同时引录了托尔斯泰的自传《少

幼年生活坎坷的王国维与托尔斯泰有相似的遭遇，图为托尔斯泰墓

王国维与《人间词话》

听着钱塘江潮声长大的王国维成就了一番非凡的事业

年篇》中的文字：

予失母早，今强忆吾母形容，已不可复得矣……

可见，缺乏母爱的王国维与托尔斯泰同命相怜！

当然，王国维虽失恃（母亲），却仍能得其怙（父亲）的关爱。但即便如此，王国维的性格远不如一般孩子那样开朗。千古往事，尽在海宁，芸芸众生，何去何从。钱塘江水的汹涌澎湃注定了这座古城将有更多沧桑上演。伍子胥过韶关一夜愁白了头，却徒有一腔义愤，最终被昏庸的吴王夫差投入江中害死。天生忧郁的王国维与这座古城又有着怎样的情缘，他

战乱留下的残垣断壁仍历历在目

的忧郁情结又因何而愈演愈烈呢？

要了解这些问题，我们还得从清朝末期衰微的国势和王国维的个人经历说起。

王国维出生在光绪三年，那时的清朝已经经历了两次鸦片战争，割地赔款的屈辱一直笼罩在清王朝的上空，而清廷的腐败、朝纲的紊乱、皇帝的年幼无知、慈禧太后的独断专权已使清政府走向穷途末路。王国维出生之时，战乱时的烽烟遍野、到处断壁残垣的遗迹都还历历在目；刀光剑影、尸横遍野的惨象也依稀可见。这样的惨象怎能不增强他的忧郁之感呢！

虽然清朝国势日衰、王家家境清贫，但王

乃誉深知，唯有读书才能改变国势家势，因此，他很注意对儿子的教育。王国维入私塾的那一年，刚满7岁，经父亲的指引，他来到了海宁城里一家非常普通的私塾。私塾的老师只是个平常的教员，名叫潘绶昌。历史上没有留下此人过多的资料，只知道他当时在王国维的家乡已小有名气，但所授课程也无非是《千字文》《三字经》《幼学琼林》《神通诗》等。天资聪颖的王国维很快就掌握了这些最基本的常识，再加上其父王乃誉正当壮年，也处于做学问的鼎盛期，因此，在父亲的带领下，他的学习渐入佳境。见儿子这么有出息，王乃誉决定给儿子换一个好一点的老师。就这样，王国维改换了私塾，新私塾的老师是本县的秀才，名叫陈寿田，是通晓天文数理的近代大科学家李善兰的学生。李善兰也是海宁人士，因此陈寿田有幸投到李善兰门下，也让王国维这位天才少年与李善兰有了一丝渊源。

李善兰是中国接触西方文化较早的一位学者，还曾翻译过哥白尼的太阳中心说和牛顿的古典力学，对中国接触西方文化起到了非常重要的作用。王国维是近代较

大科学家李善兰像

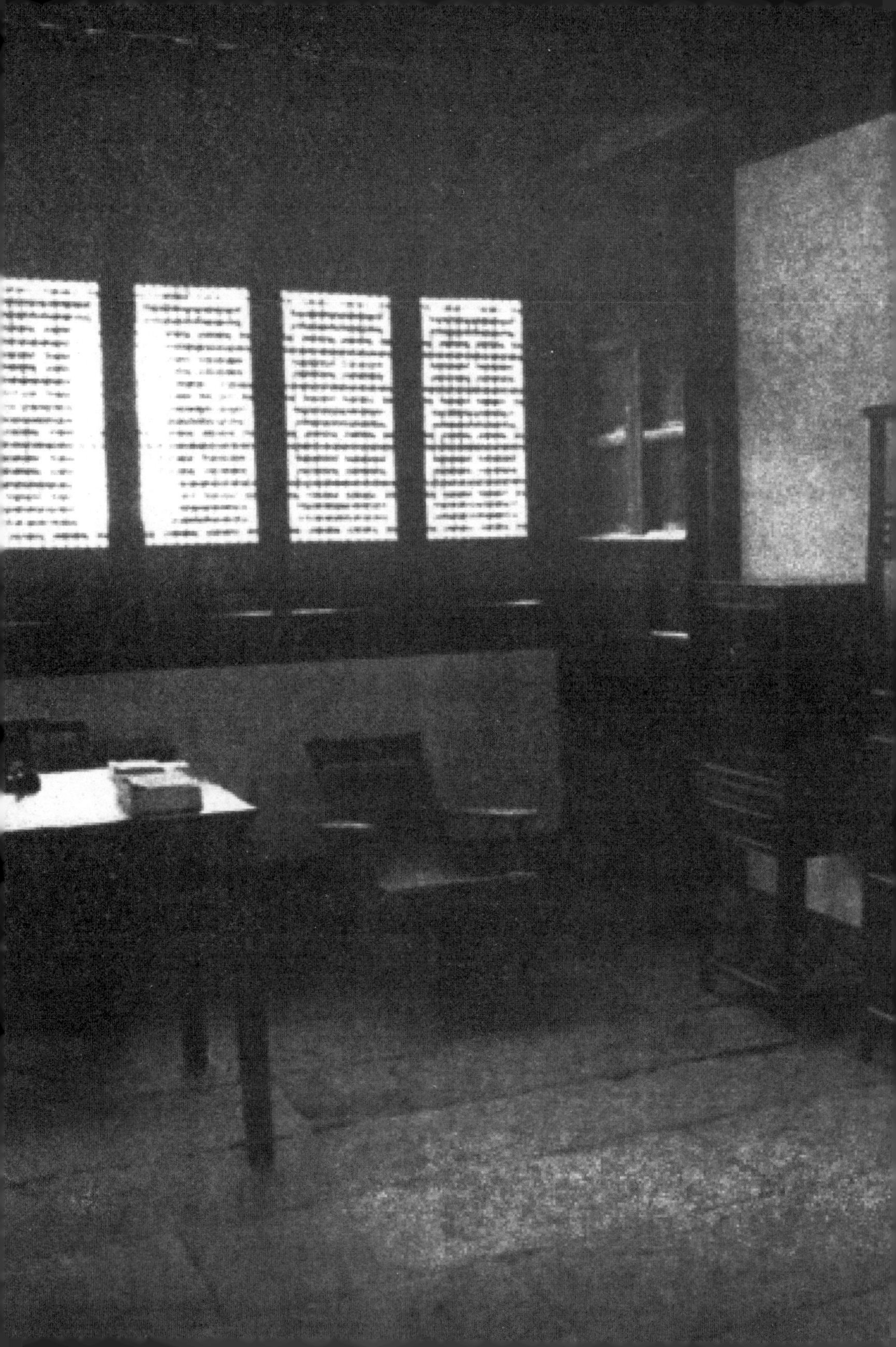

早研究西方文化的学者之一，从接受西方学术思想的角度看，李善兰探求西方科学的终点正是王国维寻求西方文化的起点。只可惜，王国维改投陈寿田门下的那一年，正是李善兰去世之年，二人无缘相见。如若得到此人的提携，恐怕王国维的学术研究范围还会更广。陈寿田的教学方法与前一位私塾老师颇不相同，他虽还以"四书五经"为主要教材，但又加了很多散文、骈文、古近体诗。王国维的古文根基，包括楚辞、汉赋、汉魏六朝骈散文、唐诗等，就是在这里得到培植的。王国维酷爱课外阅读，也是从那个时候开始的。这也为我们现代的教育模式提供了借鉴。在古代，自学成才者比比皆是，王国维正是靠自学才有了以后的成就，自学、家学成就了王国维。在这里，要特别提出的是，王国维的父亲王乃誉，在历史上虽未著书立说，但其深谋远略之才足以令后人景仰。据陈鸿祥先生在《王国维传》中描述王国维的父亲乃誉公研读古文辞，研习书画篆刻，是一位当之无愧的金石学家、书画鉴赏家，诗文的造诣也很深。陈先生对王父的评价是十分公允的。王国维在自己的《先太学

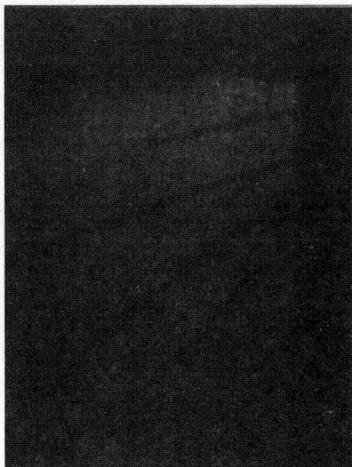

王国维师从陈寿田，打下了坚实的古文根基

君型状》中如此感叹：

呜呼！君于孤贫之中，阛阓之内，克自树立；其所成就，虽古人无以远过，而年不跻于中寿，名不出乡里，是亦可哀也已！

王国维如此评价自己的父亲，可见其父确是一位饱学而可敬的老人。

父亲的言传身教，加之钱塘一带极其丰厚的文化土壤，才使他得以功成名就，名垂史册。

但王国维生于乱世，生不逢时，小小的钱塘江水怎能满足天才少年的鸿鹄之志；领世纪风骚的文化巨子，又怎能满足于在此终老。他渴望成功，渴望攀登，一切渴望就这样戏剧般地上演着……

（三）一试而中震海宁

天才并非生来就光芒四射，而多是厚积薄发。少年王国维显现出了忧郁、怯懦、爱幻想的个性，父亲常常责备他缺乏英锐之气。人人都说"知子莫若父"，但从王国维的父亲对他的评价来看，他并没有真正深入地了解自己的儿子，对儿子的博古通今之才尚未全然领会，反倒认为自己的儿子没多大出息，常常慨

王国维墨迹

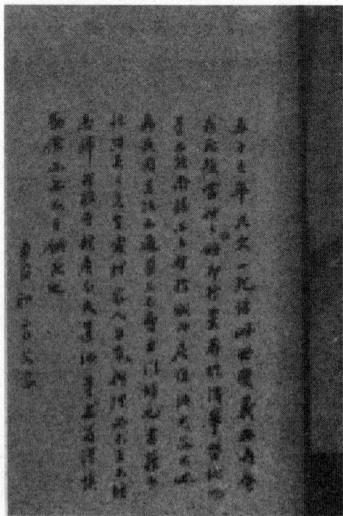

王国维与《人间词话》

叹"不患吾死，患吾身之后，子孙继起不如吾"。但这也是父母对子女的一片期望，正所谓"爱之深，责之切"，也是人之常情，拳拳父心！

1892年，王国维已经满16岁了，就在那一年，他第一次参加了岁考。大家都知道，清朝取士，沿用的是明朝的"八股取士"。所谓八股文，就是按照"破题、承题、起讲、入手、起股、中股、后股、束股"这样一套八股的模式来写文章。从现代教育角度看，这是非常不利于人发挥的考试模式。很少有人在这种模式的限制下还能写出好文章来。大家都按这个套路来作文，文章往往千篇一律、毫无新意。因此，我们经常说八股文限

王国维在与友人的交流中开阔了学术视野，显示出了非凡的才华

制了人的主观能动性，遏制住了人的想象和创造，我们也将"八股取士"作为封建制度腐朽的标志之一。很多饱学之士都因受不了八股文的束缚而放弃了科举考试，这样的考试制度也让真正有才学的人，无法通过科举这个平台跻身于上流社会。王国维的父亲一直希望自己的儿子能得个功名，所以一直热衷于为王国维的科举考试作准备。这一年的六月，王国维不负众望，以岁试第二十一名的成绩，考入了海宁的州学。我们不要小看这第二十一名的成绩，多少人考了一辈子也没有取得入州学的资格。王国维小试牛刀，便初见成效，马上令其父对他刮目相看。

少年应试，一试即中，也令王国维"名噪乡里"，他与他的三位友人，被当地父老尊为"海宁四才子"。四人常常相聚在一起，纵观天下风云变幻，高谈阔论前途命运，在这样的学术和思想的碰撞中，王国维的独立不羁之才，逐渐开始显露。

在此期间，王国维对考据学产生了浓厚的兴趣，并敢于挑战学术权威，大

王国维《人间词话》手稿

胆地写出了批判性的文章《群经评议》。要知道，王国维这篇文章针对的是当时有名的大才子俞樾，此人在江浙一带颇负盛名，他曾是近代著名大学者章炳麟的老师。可见，王国维恰同学少年时便胆识过人，锋芒毕露。《群经评议》也是迄今为止我们所知道的王国维的第一篇学术论著，虽然随着历史的变迁，原文已遗失，我们已无缘一睹该文的风采，但王国维的学者之风在那时就已凸显出来。

（一）舍弃科举上海谋生

二　舍弃科举求新学

历史的车轮又转到了 1894 年。中日甲午战争的爆发，将中华大地卷入了一片战火，这次战争比之前的两次鸦片战争更加残酷。

那一年王国维已经 18 岁了，面对日益严峻的国势，他再也无法专心考据治学。穷凶极恶的日寇如滚滚奔流的钱塘江水，呼啸而来，直打得人们不寒而栗。中日海战以中方惨败而告终，北洋海军全军覆没。于是，又一个以割地、赔款为代价的丧权辱国条约就这样被签订了。在清朝代表李鸿章签约的前一天，数千名来自全国各地的会试举人恰好齐聚京城，当大家得到要签订《马关条约》的消息时，不仅来自台湾的应试举人"垂涕而请命"，就连被康有为召集到京城的各省举子，也无一不痛心疾首，恸哭不止！大家都为清政府的软弱无能而感到悲痛，为痛失国土而义愤填膺。然而徒哭无益，康有为、梁启超等人奋笔疾书，昼夜不眠，写成了永载史册的"万言书"，这就是历史上有名的"公车上书"。学者们大声疾呼"法不变，国必亡"，这是包括康有为、梁启超等人在内的全国一千三百多名举人的共同心声，也是维新

康有为像

王国维与《人间词话》

甲午战争的落败让王国维彻底醒悟，国家到了危急的时刻

变法的前奏。

亲眼目睹了甲午战败的惨象后，王国维也逐渐顿悟了：国家命运和个人命运紧紧地连在一起，沉睡百年的中华儿女，是该拿起武器来保卫自己的国家和民族了。怀着这样的心境，王国维写下了这样的诗句：

七尺微躯百年里，那能消、古今闲哀乐？与蝴蝶，蘧然觉。

王国维虽不能像康有为、梁启超那样叱咤风云，指点江山，激扬文字，但作为正当年的有志青年，又岂能不为国家的前途和命运担忧呢！甲午战败，康、梁领导的"公车上书"，震惊了全国，更引起了王国维和其父王乃誉的极大关注。维新人士所倡导的变法、新学深深吸引着王国维，他曾自述："甲午之役，始知世尚有所谓'新学'者。家贫不能以资供游学，居恒怏怏。"试想，王国维虽深谙变法之道乃是救国之根本，新学能救国，更能救自己，然而王家一无万贯家财，二无显赫靠山，新学之路谈何容易。

此时的北京和上海，都已成立了维新人士领导的"强学会"。不但康有为、梁启超等维新派首领加入其中，就连后来做了"洪宪皇帝"的袁世凯，被慈禧太后钦点的文状元张謇，以及清末大诗人王闿运也加入其中。越来越多的饱学之士和社会名流参与了进来，

维新思想在风云变幻
的中国艰难成长

王国维与《人间词话》

王国维认识到必须广开视野，建立新的文化精神才能拯救国家

这就更加扩大了维新的声势。全国上下一片维新的声音。但敏锐的王国维清醒地认识到，"维新"既不是指日可待，也不是仅仅通过众人四处宣传、制造声势就能实现的。只有建立新的文化精神才能拯救国家，而这种新的文化精神的建构必须通过新学来完成，王国维随即作出了出国求新学的决定。这个想法跟后来赴日留学的鲁迅先生颇为相似。鲁迅先生初到日本，本想成为一代名医，但经历了岁月的洗礼，他终于明白，要真正拯救中国，不但要解救国人受伤的身体，更要彻底拯救国人的精神，因此他弃医从文。但此时的王国维没有鲁迅那样幸运，父亲已年过半百，垂垂老矣，一家十口，

仅靠家中几亩薄田维持生计的王国维无奈只得重返考场

就靠几亩薄田为生。父亲一直希望王国维能考个功名，而此时的他无功无禄，怎能忍心抛下一家老小，独自出去求学呢？家境困顿，父命难违，王国维不得不去应乡试考举人。就这样，他再次踏上了科考的道路，但由于其专心研究考据之学，与八股文的要求相去甚远，最终离场交了"白卷"。他父亲深知儿子此次的离场，不是因为才学不足，文章写得不好，而是受不了八股文的限制。

随着维新派的四处奔走，王国维也暗下决心，要"自奋新学"。他不仅研读"康梁疏论"，更时刻关注着维新志士的社会活动。强学会的活动虽遭到以慈禧太后为首的守旧势力的强烈阻挠，但却得到了光绪皇帝的大力支持，这对维新人士是一个极大的鼓舞。他们多方筹备，最终成功创办了维新派的言论阵地《时务报》，并率先在上海面世。《时务报》的面世仿佛一股强劲的春风，吹拂在王国维的心头，让他沐浴在一片希望之中。他深知新学之路已为时不远。

这时的王国维已过弱冠之年（20岁）。王国维在他父亲的安排下与海宁一位姓莫的商人之女结为连理，此人便是他的第一个夫人莫氏。夫妻婚后生活甜蜜无比，二人琴瑟和谐，如胶似漆，感情甚笃。对于这段婚姻，王国维是颇

《时务报》的面世为王国维带来了一片希望

为满意的，他在此后的文章当中多次提到莫氏，可见二人的感情非常深厚，他还曾赋诗《浣溪纱》来记录二人甜蜜的婚姻：

爱棹扁舟傍岸行，红妆素蒨斗轻盈，脸边舷外晚霞明。

为惜花香停短棹，戏窥鬓影拨流萍，玉钗斜立小蜻蜓。

新婚燕尔，夫妻二人划船出门，一路喜笑颜开，如画中之境，这样的感觉多么令人难忘啊，难怪事隔多年，王国维仍记忆犹新。

可惜，王国维并不是家财万贯的阔少，不能沉浸在温柔乡里尽情地享受新婚的柔情蜜意，父亲已年迈，养家糊口的重担必然要落在他的肩上。为了全家的生计，为了世情，他不得不舍下新婚的妻子，专心学业，以求考得功名，谋个职位养活全家老小。就这样，他被迫又参加了 1897 年的杭州乡试，此次赴试不同上次，他怀着非常认真的态度走进了考场，但由于不能完全领会八股文的行文要领，再次名落孙山。至此，王国维便彻底断绝了科举考功名的念头。返回海宁不久，他便应聘到一户人家担任家庭教师，但菲薄的收入、迷茫的

小舟翩然水上，如诗似画

前程最终让他放弃了这份工作，他决定到上海寻觅新的出路。

（二）与"东文学社"的不解之缘

旧上海是中国近代史上最繁华的城市，灯红酒绿令人眼花缭乱，歌舞升平更令人流连忘返。车水马龙，人潮澎湃，花天酒地，无所不能，大上海成了人们消遣和娱乐的所在，所有封建社会的污浊之气和新思想的朦胧火花，都在这里蠢蠢欲动，暗潮汹涌。

对初到上海的王国维来说，一切都是既陌生又新奇的，这样的心情在他所写的《人间词甲稿·鹧鸪天》中体现得尤为明显：

阁道风飘五丈旗，层楼突兀与云齐。空

旧上海繁华景象

王国维与《人间词话》

繁荣喧嚣的大上海对于王国维来说是新奇和陌生的

馀明月连钱列，不照红葩倒井披。频摸索，且攀跻，千门万户是耶非？人间总是堪疑处，唯有兹疑不可疑。

这首词真切地表现了王国维初到上海的感触，世事沧桑，十里夷场，到处飘散着大上海的神秘与诱惑。而此时的王国维更为关注的是将要投奔的《时务报》，因为这里是维新派言论的重镇，是王国维了解"新学"的重要窗口。

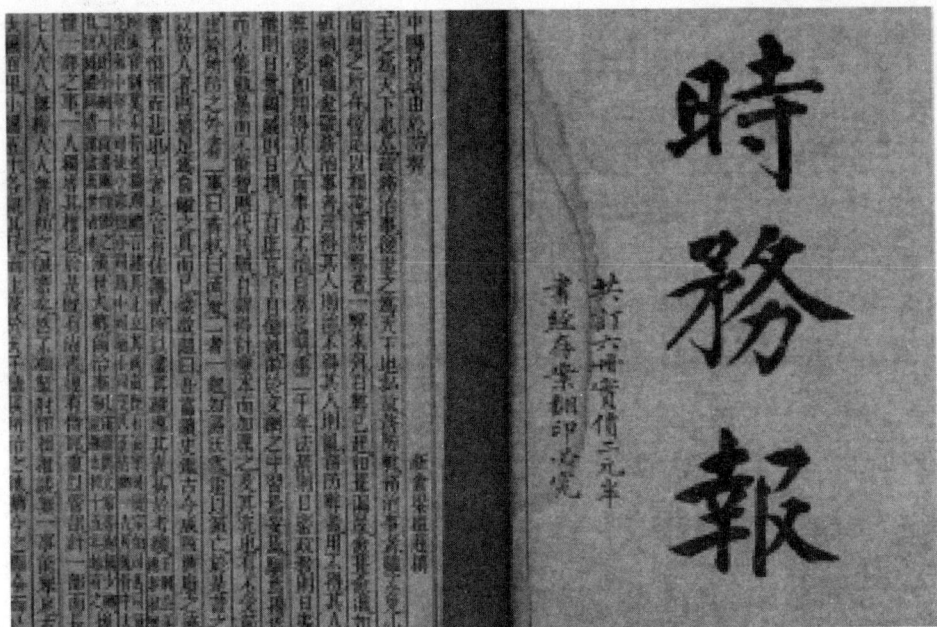

《时务报》

此时的《时务报》主事乃维新人士汪康年，他不求功名利禄，醉心于维新事业，从创办《时务报》开始，又锲而不舍地创办了很多家地方报纸，可以说是毕生致力于办报的维新人士。此时的汪康年在国内已名声大噪，尤其在维新派人士当中，可谓无人不知无人不晓，但这样智慧的学者，面对多才的王国维却视而不见，他万万没有想到这个头戴瓜皮帽、其貌不扬的少年，居然会成为未来震撼学界的泰斗。这也许是他一生当中最大的失察。

王国维初到《时务报》馆时，因其性情不善与人主动沟通，生活过得十分艰难。初来乍到的他只能做些零活，做一些抄写、校对的工作，这让他感到了前所未有的孤独和无聊。但迫于生计，他也只能暂时留下。王国维来到报馆以后，进一步了解了《时务报》的性质和来历，得知它本是"强学会"的会刊，投笔者多是维新人士。创刊之初，主要由维新派人士梁启超主笔。梁启超成名比王国维要早，在《时务报》创刊的时候，他已经是当时知名的学者了。在他的主持之下，《时务报》一时声名大振，闻名海内外。然而，好景不长，《时务报》的鼎盛期只维持了一年多的时间，就在王国维来到《时务报》之前，梁启超和汪康年在经营理念上出现了严重分歧，梁启超毅然离开了《时务报》。当王国维来到《时务报》时，不仅主笔一职尚无人选，连原来聚集在报馆内的一批俊才也相继离去。此时的《时务报》早已失去了往日的光芒，事实上已然是强弩之末。报馆的萧条，令王国维再次陷入了矛盾和困惑当中：自己苦苦思索和寻找的新学之路，难道就这样终止了吗？

好不容易挨过了两个月，到了发薪水的时候，令他万万没有想到的是，他辛辛苦苦工作了两个月，只拿到十七元的薪金。王国维性格内向，不善与人争执，他赞赏

王国维来到《时务报》之时，《时务报》早已不复当年繁荣景象

舍弃科举求新学

王国维在上海孤单茫然，无法施展
自己的才华

辛苦工作了两个月的王国维
领到的薪金却十分微薄

王国维与《人间词话》

在上海，王国维生迷茫，
不知何去何从

的豪杰之士东晋大诗人陶渊明可以不为五斗米折腰，难道自己就能为了薪金与人争论吗？这是王国维初入上海的第一次冷遇，也让他更看清了人间冷暖。但要离开《时务报》另谋出路，也绝非易事。正在他举步彷徨，不知所措之时，他遇见了一位影响他一生的人，此人便是罗振玉。

罗振玉（1866—1940 年），字叔蕴，一字叔言，人称雪堂先生。他出生于江苏淮安（今江苏省淮安市），原籍浙江上虞永丰乡，故自称"永丰乡人"。他是我国著名的考古学家、文献学家，长王国维十一岁，也是 16 岁考上的秀才，但名次要高出王国维很多，因而被长辈誉为"异材"。罗振玉可说是影响王国维终生的人，没有他的资助，王国维不可能出国留学，也不可能成为溥仪一朝的"上书房行走"，王国维一生当中的很多大事都与此人有关，包括王国维之死和此人也不无干系。

王国维与罗振玉在《时务报》馆相识，二人一见如故。罗振玉家世显赫，财力丰厚，加之本人颇善交际，因此在当时可称得上是一个呼风唤雨的人物，当时的《时务报》主管汪康年，维新巨匠梁启超，慈禧太后的钦点状元、著名实业家张謇，包括清廷重臣张之洞，都与此人有着千丝万缕的联系。此人醉心学术，生平喜好结交才高八斗之人，他识才、用才，

国学大师罗振玉像

王国维与《人间词话》

而且还能尽其财力资助有学识的人。他见王国维处境艰难，便盛情邀请他到自己创办的东文学社就读。

东文学社是在罗振玉自创的《农学报》的基础上成立的一所学校。1896年，醉心教育事业的罗振玉在上海自筹经费，成立了"学农社"。在那里，他创办了近代中国第一本农学杂志《农学报》。《农学报》的主要内容是对灌溉、施肥、选种、施农药、耕翻等农业新法进行介绍推广，对近代农业提高生产力起到了不小的作用，可说是一个壮举。《农学报》上介绍的这些方法大多是翻译国外的一些农学书籍而得来的，因此说，当时的《农学报》也是东方学习西方的一个窗口。自古以来，中国是农业大国，此报的问世，体现了罗振玉的远见卓识。随着《农学报》的不断更新，罗振玉敏锐地发现国内尚无日语学校，而当时在中国精通日文的学者又屈指可数，于是，他又有了一个大胆的想法，那就是创立一所日语专门学校。在多方的筹措和努力下，东文学社终于问世了。这是中国近代史上第一所日语专门学校，具有划时代的意义。

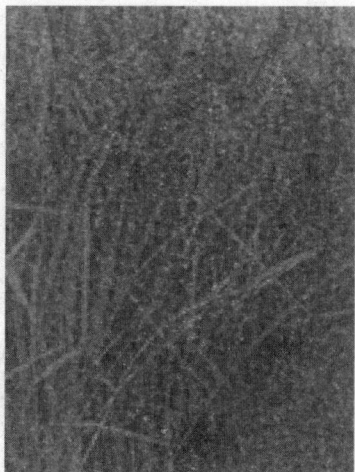

《农学报》推动了近代农业生产力的提高

罗振玉（右）与王国维（左）

东文学社的建立，在一定程度上满足了那时不能留洋的中国青年学习外语的需要，并为稍后中国学生大批东渡日本留学奠定了基础。对于深处逆境的王国维来说，罗振玉的盛情相邀无疑于雪中送炭，为他迷茫的前程点燃了一盏明灯。

1898 年 2 月 26 日，王国维正式成为了东文学社的一名学生，又开始了他的学海之旅。罗振玉对王国维的这份知遇之恩，令王国维终生难忘，以至于二十年后，两人决裂之时，王国维都还在念旧情。

孟子云："故天将降大任于斯人也，必先

苦其心志，劳其筋骨，饿其体肤，空乏其身，行拂乱其所为。"天才的命运往往都是一波三折。王国维就读于东文学社之际，适逢中华多事之秋。《马关条约》的签订再一次让西方列强领略到了清政府的软弱可欺，于是列强们个个都作出一副狼吞虎咽的架势，要吞噬中国这块肥肉。

此时的中国就好似一只待屠宰的羔羊，已经没有一丝还手之力。国难当头，王国维自己的日子也不好过。《时务报》主管汪康年虽口头上同意他去东文学社学习，但实际上却并不为他提供方便的学习条件，反而加重了他在报馆的工作，写信、作文、翻译等工作，都由他来完成，他简直成了《时务报》的文字机器。

但此时的王国维正值青年，踌躇满志，精力充沛。他暗自下定决心，无论有多少困难，他都不会放弃自己求新学的初衷。而令他振奋的是，康有为、梁启超领导的震惊中外的"百日维新运动"终于拉开了帷幕。年届28岁的光绪帝亲自颁布"变法诏书"。面对光绪帝的这一举措，王国维与他同时代的许多有志之士一样，既兴奋又憧憬。他在写给友人的书信中感慨地

光绪帝颁布"变法诏书"，极大地鼓舞了王国维等进步人士的士气

舍弃科举求新学

王国维用诗文寄托自己的理想

说："连日读上谕，均有怵惕振厉之意。"不过他在希望通过"变法"来拯救国家之时，不像其他人一样头脑发热盲目乐观，而是非常务实、并比较清醒地看到朝廷已危机四伏，社会千疮百孔，百姓民不聊生，变法任重而道远，不是一天两天就能完成的。他还主张应该脚踏实地，少说多做，并以此提醒一些青年人，不要把所有希望都寄托在毫无实权的皇帝身上，一纸诏书并不能万事大吉。他说："欲望在上者变法，万万不能！唯有百姓竭力去做，做到一分是一分。"譬如兴教育、办学校都是可操作之事。现在看来，王国维的这些思想是十分先进的，可行性很强，但同时，他也看出了新法的很多弊端，很多条款没有触及到封建社会制度的根本，只是纸上谈兵而已。

这个阶段的王国维终日与《诗经》《楚辞》相伴，家国之感，身世之慨，令他思如泉涌，他写下了三首《杂诗》：

飘风自北来，吹我中庭树。鸟鸟覆其巢，向晦归何处？西山扬颓光，须臾复霾雾。

诗文表达了作者虽身居斗室
却魂驰关山的伟大抱负

翛翛长夜间，漫漫不知曙。旨蓄既以罄，桑土又云腐。欲从鸿鹄翔，铩羽不能遽。

阴阳陶万汇，温潨固有数。亮无未雨谋，苍苍何喜怒！

美人如桃李，灼灼照我颜。贻我绝代宝，昆山青琅玕。一朝各千里，执手涕汍澜。

我身居斗室，我魂驰关山。神光互离合，咫尺不得攀。惜哉此瑰宝，久弃巾箱间。

日月如矢激，倏忽鬓毛斑。我诵《唐棣》诗，愧恧当奚言。

豫章生七年，荏苒不成株。其上蠹梗楠，

郁郁干云衢。匠石忽惊现，谓与凡材殊。

诘朝事斤斧，浃晨涂丹朱。明堂高且严，佚荡天人居。虹梁抗日月，菡苕纷扶敷。

顾此豫章苗，谓为中槠栌。付彼拙工辈，刻削失其初。柯干未云坚，不如栎与樗

中道失所养，幽怨当何如？

诗写得很深奥，但并非晦涩难懂。文辞紧凑，这三首《杂诗》是他此时此刻"怀才不遇"的自然流露，与此同时，也表达了他身居斗室，却仍关心国家的高远理想和渴望建功立业、国家兴旺的爱国情感。

果不其然，轰轰烈烈的维新变法只维持了短短的一百零三天，因慈禧太后的横加干预而宣告失败，史称"百日维新"。接着，主张变

诗中可见王国维对祖国大好河山的热爱

维新变法失败，戊戌六君子英
勇献身

法的维新人士逃的逃，跑的跑，谭嗣同等维新六君子被推上了断头台，用生命和鲜血谱写了一曲人间正气之歌。主张变法的官员也相继被罢官，励精图治的光绪帝，被慈禧太后软禁在了中南海瀛台。最终这位年轻的皇帝被人残害致死，留下了千古遗憾。1898 年，百日维新失败之后，康有为在逃亡之际，写了一首七绝诗《八月七日海上望月》：

忽洒龙漦孽太阴，紫微移座帝星沉。孤臣辜负传衣带，碧海波涛夜夜心。

此诗深刻地表达了变法失败之后康有

碧海波涛夜夜心

为的痛心疾首，纵有鸿鹄之志，也是壮志难申，一腔热血渴望国富民强，拯救国家民众于水火，怎奈势单力薄，无法力挽狂澜，就连皇帝都被囚禁，为臣者还能有什么实际的作为呢！

一年后，当八月桂花再次香满全城之时，王国维想起了一年前的维新变法，为宣扬自己的政治主张，维新人士四处奔走，殚精竭虑，最终却落了个凄惨的下场。中秋之夜，他再也控制不住心中的情绪，写下了一首七绝，名为《八月十五夜月》：

一餐灵药便长生，

眼见山河几变更。

留得当年好颜色，

嫦娥底事太无情！

显而易见，这里的嫦娥指的便是断送变法之路的慈禧太后，诗里的"几变更"指的就是几十年来中华大地上发生的种种变故：两次鸦片战争、中日甲午战争、咸丰之死、同治中兴、光绪被囚、维新人士被杀。这种种变故令年轻的学者感叹国家之衰败。他虽没有直接参与到变法之中，但他同样是一个有血有肉的中国人，面对此等事变，又怎能无动于衷！

谭嗣同等人的鲜血染红了北京城，也令众多维新人士擦亮了眼睛，单纯的"新法"根本

中秋之夜，王国维感概万千，写下《八月十五夜月》

王国维与《人间词话》

王国维在诗文中以嫦娥喻慈禧，痛哀变法的失败

国家经历风霜雨雪，令年轻的学者痛心疾首

舍弃科举求新学

东文学社于 1899 年春天重新开学

无力挽救行将就木的清朝政局，唯有革命才能救国。

此间的王国维因身体原因，一直在家静养。他本想调理好身体之后，再重新回到上海谋个职位，以维持一家的生计。但"百日维新"失败后，《时务报》被查封，他已没有了去处。正在他困惑之时，又是罗振玉向他伸出了援助之手。他有了重新回东文学社学习的机会。

1899 年的春天，东文学社重新开学。那时的东文学社已完全由罗振玉自办，师资力量也增强不少。由于得到了罗振玉的大力资助，王国维不再另谋他职。罗振玉让他代管学生的学习和生活，还正式宣布他为"学监"，由于王国维性情内向，不善管理，很快就被罗振玉免去了职务，却仍发薪水给他。这足见罗振玉对王国维的另眼相看。王国维一生都在感念罗振玉对他的知遇之恩，现在想想也不无道理。

王国维以羸弱之躯，一直坚持苦学。在此期间，他独立翻译了近代最新的物理学理论之作《势力不灭论》，将一些最基本的近代物理学原理引入了中国。在西方科学传入中国之前，面对自然界的种种无

法解释的现象，中国人常常将其归入宿命论，或是引用一些鬼灵神怪的东西来解释，这也是中国在自然科学领域一直落后于西方国家的原因之一。西方科学的传入，给中国带来了更多认识世界和改造世界的方法，王国维怀着一颗开民智、强中华的赤子之心，翻译了"势力不灭论"的主要命题，他深知唯有掌握科学，才能使人类不断地从黑暗走向光明，也唯有科学，才能使中国不断地由落后走向先进。

然而科学的光明毕竟无法掩饰现实的黑暗。正当王国维醉心学术，一心做研究之时，又一场清廷变故悄然无声地上演了。慈禧太

王国维深知只有科学才能
引领中国走向现代文明

王国维与《人间词话》

王国维借诗歌道出了王朝
兴衰皆在人的道理

后公然地宣布册立端王载漪之子溥儁为"大阿
哥"，言外之意溥儁就是未来皇权的继承者，
光绪帝被废至一旁。真正的忠臣都被排挤到权
力中心之外，这更造成了中国内忧外患的局势。
面对国不强、君不立、臣不忠、民不勇，王国
维百感交集。在1900年春，他写下了著名的《咏
史二十首》。诗中精辟地记载了中国上千年来
的朝代变更史，道出了王朝兴衰皆在人的道理，
气壮山河，悲天悯人。就在王国维写完咏史诗
不久，中国爆发了"庚子事变"，八国联军侵
占北京，又一次火烧了中华瑰宝级的古建筑圆
明园，历史将中华有志儿女再一次推到了风口
浪尖。王国维深深地感到，中国再也经不起这

惨遭罹难的圆明园只剩下断壁残垣

样的折腾，国亡之日已为时不远了！继续逗留于中原地区，再无可为，于是他作出了东渡日本的决定。

　　王国维此次东渡日本得到了罗振玉的大力支持。临行前，罗氏与他践行话别。家贫、体弱，千难万险动摇不了王国维出国求新学的决心。然而，他此时的心境又很复杂，家事、国事、天下事，事事令他忧心忡忡。于是，他写下了《题友人三十小像》二律：

劝君惜取镜中姿，三十光阴隙里驰。四海一身原偶寄，千金三致岂无期？

论才君自轻侪辈，学道余犹半黠痴。差喜平生同一癖，宵深爱诵剑南诗。

几看昆池累劫灰，俄惊沧海又楼台。早知世界由心造，无奈悲欢触绪来。

翁埠潮回千倾月，超山雪尽万枝梅。卜邻莫忘他年约，同醉中山酒一杯。

这是王国维早期诗作中写得最为情真意挚、凝练深沉的篇章。

王国维于 1901 年的正月来到了日本东京

王国维决定东渡日本，求学强国

两次留洋的经历使王国维增长了不少见识

物理学校学习。由于身体原因，此行他在东京仅停留了四个月的时间，主要学习了理学（物理学）。据史料记载，王国维还曾经二次东渡日本，不过此次东渡，并不是为了学习，而是替罗振玉翻译大量的西方论著。这就是王国维生平的两次"留洋"经历，时间不长，但却使王国维拓宽了视野，增长了见识。这一阶段王国维跟罗振玉的交往非常密切，从某种意义上讲，他成了罗氏的得力助手。

在帮罗振玉翻译大量西方论著的同时，王国维渐渐对西方社会伦理学、心理学、哲学产生了浓厚的兴趣。借此机会他也阅读了大量相关书籍。在阅读的过程中，他渐渐对西方哲学产生了浓厚的兴趣。每当夜深人静妻儿老小酣睡之时，他都孤灯一盏，临窗苦读：康德的"理性批判"令他赞叹；叔本华的"唯意志论"更是令他崇拜。他在哲学的世界中找到了前所未有的快乐。经历了很长一段时间的学习和思考，他写成了第一篇哲学论文《哲学辨惑》，并发表在了1903年7月的《教育世界》上，这篇文章是王国维第一次用自己的真实姓名署名。在此篇文章当中，他妙引了叔本华、亚里士多德的一些论说，有理有据地论述了哲学存在的必然性。他认为哲学中所阐述的自然和社会发展规律不会因为权力意志的改变而改变。在王国维看来，哲学是理性的最高体现和升华。

毫不夸张地说，王国维是近代真正领悟西方哲学之第一人。他将这篇论文交给了那时由罗振玉主笔的《教育世界》发表后，又写了一篇题名为《论教育之宗旨》的文章，可称得上是《哲学辨惑》的姐妹篇。此篇文章引用了西方教育界关于教育的很多新观点，提出要培养德、智、美、体全面发展的人才。世人常把王国维看成是国学大师，事实上，王国维涉足的领域又何止国学，他较早地将

王国维认为，哲学是理性的最高升华

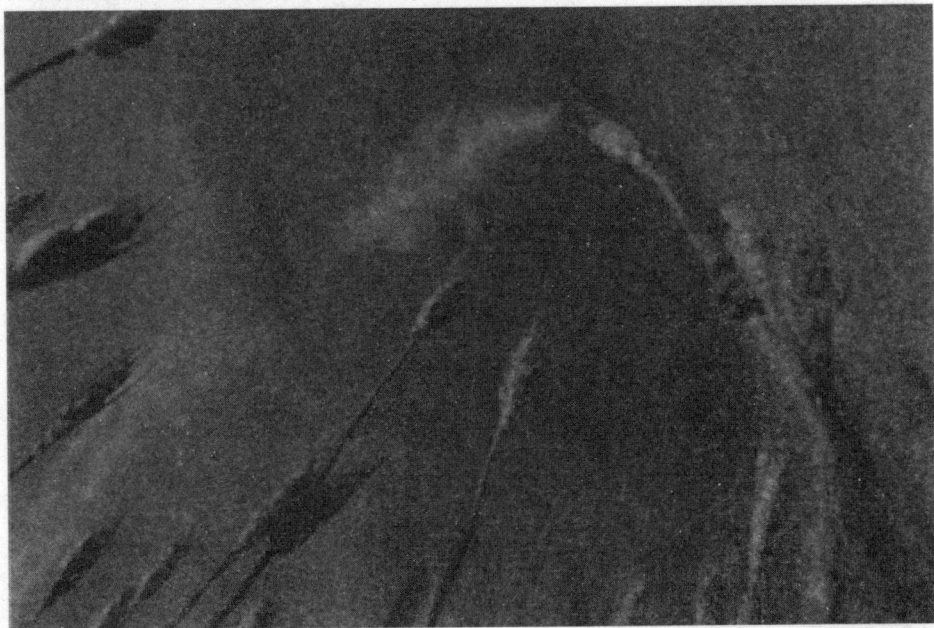

舍弃科举求新学

西方的哲学理论、教育学理论引入了中国，并用自己独特的视角和超前的思考，对这些观点进行分析和探索，从而提出了很多适合中国国情的教育应对策略。因此，我们不应该简单地认为王国维是一位国学大师，而更应该看到，他还是一位当之无愧的哲学家、教育学家。他的很多关于哲学和教育学的观点已经超越了时代，具有划时代意义。

王国维苦心孤诣，一心向学，他的这些见解，显然远远超越了同时期的学人，包括曾经给予他巨大帮助的罗振玉。王国维敏锐地觉察到，真正的大学者必须深谙中西方文

王国维苦心孤诣，一心向学

王国维与《人间词话》

北京国子监是中国古代的高级学府

化的精髓，才能从文化上占领高地，以形成一种属于中华民族特有的文化价值观，在这种核心价值观的指引下，中国方能走出困境，才能在瞬息万变的国际国内形势中占据有利位置。因此，他大胆地预言：

异日发明光大我国之学术者，必在兼通世界学术之人，而不在一孔之陋儒，固可决也。

这是他 1906 年在《教育世界》上发表的一篇题为《奏定经学科大学文学科大学章程书后》上的预言。

就在王国维写作《哲学辩惑》《论教育之宗

王国维在通州师范学校一边
工作，一边研习西 方理论，
收获甚丰

旨》的同时，他已经离开了家乡，应罗振
玉之邀来到了通州师范学校担任主讲教师。
在此期间，他一边帮学校筹划招生，设置
课程。一边继续研习西方理论，他的学术
境界越来越高深。

三学林艺海遍开花

王国维在《红楼梦》中找到了苦寻
已久的答案

（一）　《红楼梦》中梦断魂

王国维的创作天赋和智者情怀，令他能傲然屹立于中国学界的顶峰。他的国学根基之深，又令他能将这种天赋和情怀融入到创作当中，以此点燃了整个中国学术界辉煌的圣火，他苦心孤诣的《红楼梦评论》就是点燃这圣火的火种。

王国维生逢乱世，种种社会矛盾接踵而来，理想中的生活和现实中的残酷形成了鲜明的对比，这样的对比给王国维造成了精神上的巨大痛苦。什么是真，什么是假，什么是对，什么是错，什么是爱，什么是恨，这种种的疑问常常萦绕在大师的心头，他苦苦追寻却没有答案。"众里寻他千百度，蓦然回首，那人却在灯火阑珊处"，一天，他猛然地发现，原来这一切答案都在一部奇书当中，这部书就是中国古典小说的上乘之作——《红楼梦》。

王国维研读红楼，常常废寝忘食，亦醉亦醒，欲罢不能。在这种半梦半醒之间，他用自己的激情和真挚著成了震惊学界的《红楼梦评论》。

《红楼梦评论》问世于1904年，最早发表在《教育世界》上。王国维评红楼，摒弃了传统的内容、人物分析法，在中西方文化比较的基础上，大刀阔斧地展开想象，从大处着笔，分析了《红楼梦》在美学和伦理学上的特殊价值。他写的这篇评论，既不是对一般人生哲学的说教，也不是对美学理论的简单演绎，而是将人生与艺术完美地结合，阐述了人生即艺术的真谛。评论的立足点便是"悲剧中的悲剧"。传统的中国小说文学，往往都是以大团圆的结局而告终。多是主人公经历了一番磨难，最终还是如愿以偿地得到幸福。《红楼梦》则不然，它以喜剧开始，却以悲剧结尾。在演绎喜剧的过程中，已经预示着

在王国维看来，《红楼梦》具有深刻的思想意义

悲剧即将上演。功名利禄只是虚名，荣华富贵都是过眼云烟，这看破红尘似的思维方式，被王国维认为具有至高无上的美学价值，因为其中蕴涵了"厌世解脱"的悲剧精神。当然，《红楼梦》绝不是中国文学史上唯一的一部悲剧。不过在他看来，《红楼梦》是将这种厌世精神诠释得最好的一部悲剧。他在《红楼梦评论》中，将明朝孔尚任的作品《桃花扇》和《红楼梦》作比较，来说明《红楼梦》悲剧精神的特殊性。他认为《桃花扇》虽为悲剧，但却以政治悲剧为背景，其间有作者个人的政治倾向。而《红楼梦》则是从哲学的角度出发，来阐述一个普遍存在的人生哲理，思想比《桃花扇》更为深刻，意义比《桃花扇》更为深远。

接着，王国维又立足于叔本华"梦"与"欲"的提法，贾史王薛四大家族的每一个人物，仿佛在梦中相逢，于是你争我夺，尔虞我诈，冤冤相报，到头来却落了个"白茫茫一片大地真干净"。这一切都预示着"人生如梦"，而《红楼梦》之梦非普通人之梦，它是凝聚着人性的欲望之梦。男女之爱、男女之欲是催生梦境的两

红楼梦的结局预示着人生如梦的现实

王国维与《人间词话》

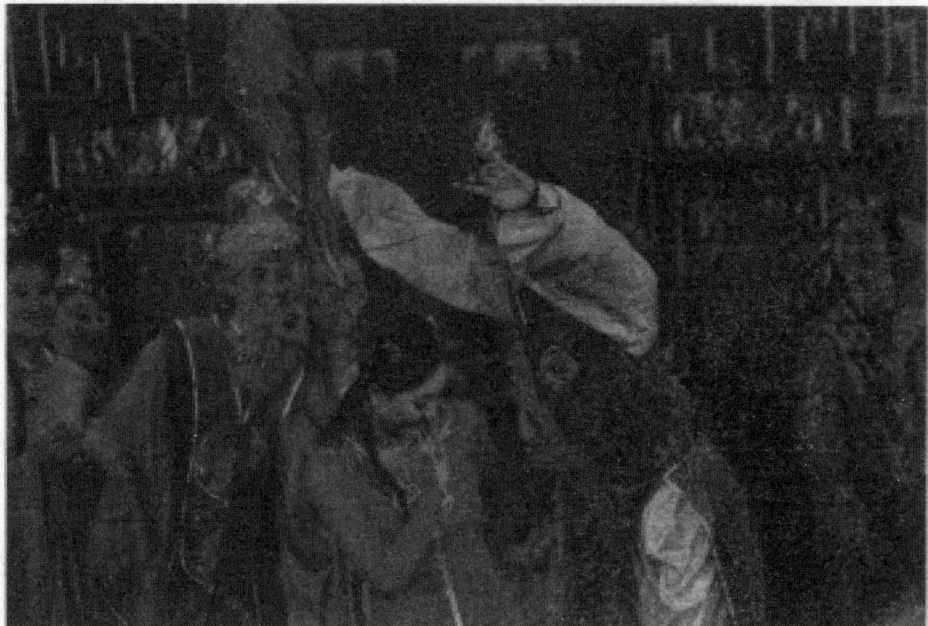
王国维认为，男女之爱是人间高尚美好的情感

大元素。千百年来，人们谈性色变，甚至避而不谈。历史上仅留下一部与性有关的小说，那就是《金瓶梅》，但作者连自己真实的姓名都不敢透露，只是以"兰陵笑笑生"署名，留下了一个千古之谜。《红楼梦》直面男女之爱、欲望之爱，将这个在当时颇为尖锐的问题非常坦诚地表达了出来，这是《红楼梦》超越时代之处，也体现了作者曹雪芹的"超前之思"。

王国维写《红楼梦评论》时，年仅27岁，正是思想活跃、感情充沛的年龄，论及"男女之爱"，表现了他超凡的勇气和超人的智慧。王国维提出这种"生活之欲""男女之欲"是

人之常情，不是什么见不得人的勾当。男女之真爱，两性之渴望，是一种高尚的感情，而不是单纯的肉欲。王国维曾经非常赞赏意大利著名诗人歌德的才情，他认为歌德的巨著《浮士德》是一部灵魂的发展史，一部时代精神的发展史，作品中饱含着火一样的冲动，表现了近代人强烈的感情和充沛的渴望。在欧洲文学史乃至世界文学史上，没有人会否认《浮士德》是一部伟大的作品。但王国维认为《红楼梦》是一部比《浮士德》更伟大的著作。他非常慨叹先人在他出生的二百年前就有这样的见识。王国维总结出了曹雪芹的论人之道，并将其更加系统明了地表达了出来，古人之智，今人之思，尽在《红楼梦评论》当中。

王国维给予《红楼梦》很高的赞誉

王国维去世之后，曾有学者诘问：王国维在《红楼梦评论》中，如此深地洞察人生，如此卓越地理解艺术，他为何自沉于昆明湖以终其一生呢？没有人能回答这个问题，这也许是王国维先生留给后人的一个"哥德巴赫猜想"吧！

毫无疑问，《红楼梦评论》的发表，标志着王国维数年"独学"取得了辉煌的成就。他的思想、他的言论令整个红学界

由于在《红楼梦评论》上的成就，王国维被尊称为"中国第一个批评家"

为之一振，仿佛为沉睡已久的中国学界注入了一支强心剂。王国维的学问之光让满目疮痍的旧中国燃起了求真的圣火，这是一种鼓舞人心的力量，更是一束开拓进取的希望之光。由于《红楼梦评论》的卓异成就，王国维被尊称为"中国第一个批评家"。他的这篇评论，是 20 世纪以来，由中国学者有意识地结合西方文艺理论思想，来对传统文学进行分析的第一篇文学理论的巨作。为更好地研究《红楼梦评论》，更好地研究王国维，众多学者都在分析王国维的这部具有划时代意义的文艺理论批评论著。

王国维的这部《红楼梦评论》中存在一定的消极厌世思想。王国维把人生定位为"悲剧"

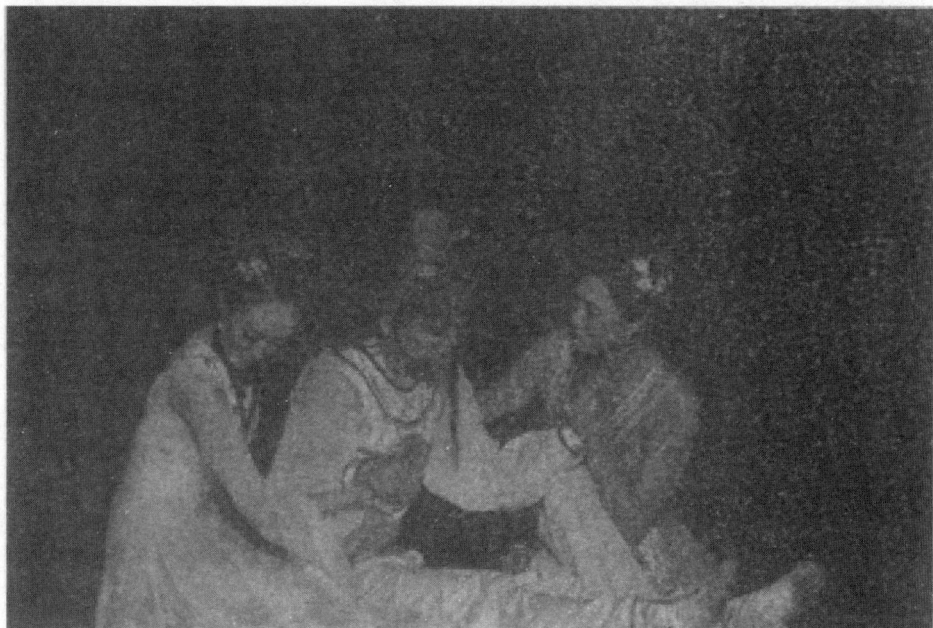

王国维对"红学"的发展
起到了重要的推动作用

未免有失偏颇。但王国维第一次使用了近代西方的文艺理论观点来点评中国传统文学，并将《红楼梦》这一伟大的历史著作与欧洲文学中的经典之作《浮士德》作了比较。这不仅大大提高了小说在文学史上的地位，而且也吸引了更多学者来关注《红楼梦》，对"红学"的发展起到了很大的推动作用，并将《红楼梦》置于世界文学之林。王国维功不可没！

（二）呕心创作《人间词》

王国维有一部惊世骇俗、震动学界的《人间词话》，所以很多人便以为他是一位词评家，或者说是一位文学批评家。事实上，王国维除了词评家的身份外，还是一位杰出的词人。他

风景如画的姑苏城

的词集名为《人间词》。《人间词》分为《人间词甲稿》和《人间词乙稿》，是王国维体察人生和社会后的思考。其词风和五代、北宋相近，颇有意境。作者常常将身世之感、家国之势引入词作当中。

他在受聘于通州师范学校和江苏师范学堂期间，常常游览姑苏旧址，在郊游之时，他写下了《人间词甲稿·青玉案》：

姑苏台上乌啼曙，剩霸业，今如许。醉后不堪仍吊古。月中杨柳，水边楼阁，

犹自教歌舞。野花开遍真娘墓，绝代红颜委朝露。算是人生赢得处。千秋诗料，一抔黄土，十里寒螿语。

又有一天夜里，王国维与友人相聚于姑苏城中，他们举杯痛饮，一时间忘却了尘世间的种种纷扰。正在此时，有人骑着快马，迎面疾驰。火光摇曳，马蹄声响，将鸟儿都惊跑了。这情景颇有意境，令年轻的王国维词兴大发，连夜写成了一首《少年游》：

垂杨门外，疏灯影里，上马帽檐斜。紫陌霜浓，青松月冷，炬火散林鸦。酒醒起看西窗上，翠竹影交加。跌宕歌词，纵横书卷，不与遣年华。

由于忧心国事、惦记家人，他常常夜不能寐，只能填词聊以慰藉，这种情怀在另一首《青玉案》中表现得淋漓尽致：

江南秋色垂垂暮，算幽事，浑无数。日日沧浪亭畔路。西风林下，夕阳水际，独自寻诗去。可怜愁与闲俱赴。待把尘劳截愁住。灯影幢幢天欲曙。闲中心事，忙中情味，并入西楼雨。

1906 年的春天，王国维随同罗振玉辞去江苏师范学堂教职之时，也曾填写过这样一首《人间词·蝶恋花》：

莫斗婵娟弓样月，只坐蛾眉，消得千谣诼。臂上宫砂那不灭，古来积毁能销骨。

手把齐纨相诀绝，懒祝西风，再使人间热。

江南秋色

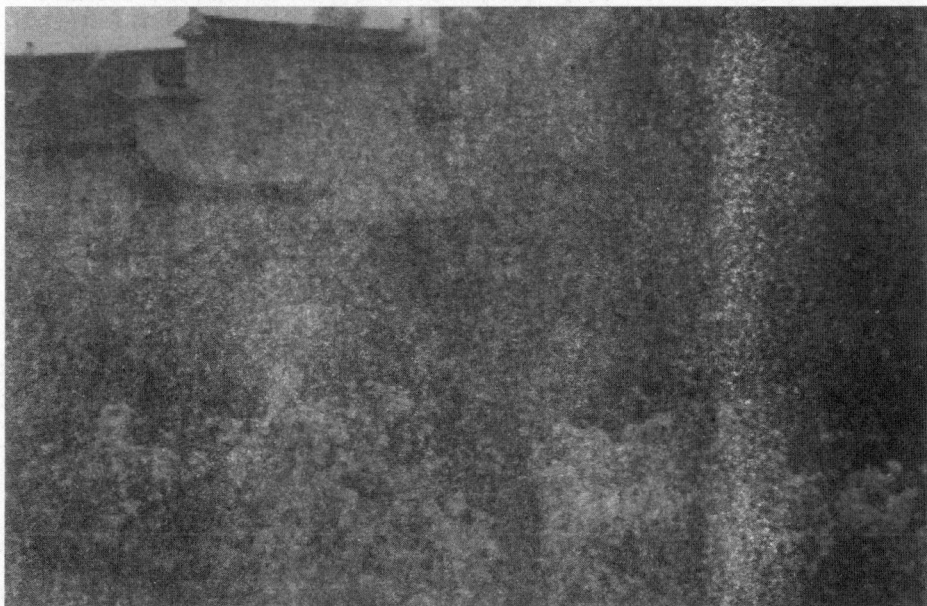

满地霜花浓雪

镜里朱颜犹未歇，不辞自媚朝和夕。

　　此词是王国维《人间词甲稿》的压轴之作，代表了王国维在词作方面高超的技艺。他对语言的锤炼，对音律的熟稔，为我们营造出绝好的词境，情中有景，景中有情，情景交融，只可意会不可言传。

　　1906 年的 7 月，王国维的父亲乃誉公在家中病故，享年 60 岁。噩耗传来之时，王国维恰在北京与罗振玉共同研究立宪一事，父亲的离世对为人至孝的王国维来说，是一个沉重的打击。想想父亲中年丧妻，一生奔波，生活一直处在困顿状态，从未享受过安定快乐的生活，而自己常年在外，不能在家中尽孝，王国维陷入了深深的自责当中。遥想童年往事，如果不是父亲的言传身教和谆谆教诲，自己怎能有今日的风华，而父亲一直默默地奉献着、操劳着，而今撒手离去，自己没来得及见父亲的最后一面。想起这些，王国维不禁悲从中来，写下两首词：

七月西风动地吹，黄埃和叶满城飞。征人一日换缁衣。金马弃真堪避世，海沤应是未忘机。故人今有问归期！

——《人间词乙稿 浣溪沙》

满地霜华浓思雪。人语西风，瘦马嘶残月。一曲《阳关》浑未彻，车声渐共歌声咽。换取天涯芳草色。陌上深深，依旧年时辙。自是浮生无可说，人生第一耽离别。

——《人间词乙稿蝶恋花》

祸不单行，王国维刚刚送走父亲的第二年，和他伉俪情深的莫夫人产后病危，他匆匆忙忙地赶回家中，守在妻子的病榻前。怎奈妻子一病不起，最终舍他而去。莫氏自1896年与王国维结婚以来，十年当中为王国维生育过六个子女。二人多年来伉俪情深，如今妻子撒手而去，怎能不

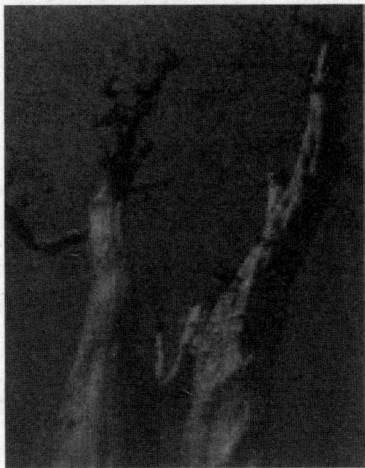

王国维与爱妻伉俪情深，妻子的离去令其心碎

学林艺海遍开花

069

叫王国维心碎？为悼念亡妻，他赋诗《菩萨蛮》以寄托自己对亡妻的想念：

高楼直挽银河住，当时曾笑牵牛处。今夕渡河津，牵牛应笑人。桐梢垂露脚，梢上惊鸟掠。灯焰不成青，绿窗纱半明。

——《人间词·菩萨蛮》

（三）著《宋元戏曲考》，成"一家之书"

作为国学大师的王国维不单单在词作和词评上有过人之处，而且在戏曲研究方面也有自己独到的见解。除了他自己填写的《人间词甲稿》《人间词乙稿》和他所评述的《人间词话》外，他还著成了一部《宋元戏曲考》。

要知道，中国的戏剧艺术由来已久，但

王国维在中国戏曲研究方面有很大的成就

王国维与《人间词话》

由于作品的数量和作家的数量限制，一直没有形成与中国古典诗词平分秋色的态势。王国维认为中国文学可分为"抒情文学"和"叙事文学"，所谓"叙事文学"，就是指传、史诗、戏曲。戏曲是中国"叙事文学"一个重要的组成部分，戏曲的发展直接推动了中国文学新形式的发展。在这里，不能简单地将戏曲定义为中国古典音乐，二者是两回事。戏曲是一种文学和音乐相结合的艺术形式。在研究中国戏曲的过程中，王国维发现了其中存在很多问题，比如文字不够凝练，思想不够深刻，结构不够严谨等等。他立志要成"一家之书"，振兴中国戏剧艺术。

王国维为振兴中国戏剧艺术作出了不可磨灭的贡献

　　他先是修订了中国传统的《词录》，《词录》所收的词目，起自唐五代，终止于元代。大量的词目被王国维系统地收集了起来，编辑成集。此项工程可谓浩大而复杂，但王国维却能历尽艰辛，克服困难，最终完成了这部影响深远的《词录》。

　　完成了《词录》的写作后，他又开始着手编订《曲录》，《曲录》收集了自宋代以来近千年的戏曲资料，内容丰富，全面系统。全书六卷，前五卷为宋金杂剧院本、杂剧、传奇；第六卷则录载了明清杂剧传奇总集、曲谱、曲目一百多种。《曲录》的完成不仅为王国维从事戏曲考证，最终著成《宋元戏曲考》奠定了基础，其更重大的影响在于，为深入发掘中国戏曲之丰富宝藏、研究中国戏曲之独具光辉的历史，拉开了帷幕。王国维的这部《曲录》在中国戏曲史和中国文化学术史上，都占有极其重要的历史地位。

《曲录》编撰完成后，一直到1911年10月辛亥革命以前，王国维又相继撰写了多部戏曲理论著作，分别是《戏曲考原》《录曲馀谈》《唐宋大曲考》《优语录》《古剧脚色考》以及《曲调源流表》等。

王国维的一系列戏曲史研究论著相继发表，受到了学术界的广泛关注。当时，最能反映文化学术新潮的城市是上海，那里最权威的学术组织是聚集了大批文化精英的"国学研究会"。因此，王国维关于戏曲史的研究成果一直连载在"国学研究会"主办的《国粹学报》上，就这样，在辛亥革命爆发前的两三年时间里，王国维一时声名大噪。他的著作不单在国内产生了强烈的反响，而且在日本汉学界，也受

在戏曲史上的卓越成就令王国维名声大噪

王国维与《人间词话》

宋代乐舞壁画

到了广泛的关注,他的作品还被日文杂志《艺文》连载,这对推动国内外的学术文化交流起到了非常关键的作用,

这些著作都是王国维为创作《宋元戏曲考》所作的铺垫,那么《宋元戏曲考》又是怎样写成的呢?王国维在《宋元戏曲考》的《自序》中,详细记载了《宋元戏曲考》的成书原因及成书过程:

凡一代有一代之文学:楚之骚,汉之赋,六代之骈语,唐之诗,宋之词,元之曲,皆所谓一代之文学,而后世莫能继焉者也。独元人之曲,为时既近,托体稍卑,故两朝史志与《四库》集部,均不著于录;后世儒硕,皆鄙弃不复道。

王国维将中国戏曲提高到与
唐诗宋词一样高的艺术地位

而为此学者，大率不学之徒；即有一二学子，以余力及此，亦未有能观其会通，窥其奥窔者。遂使一代文献，郁堙沈晦者且数百年，愚甚惑焉。往者读元人杂剧而善之；以为能道人情，状物态，词采俊拔，而出乎自然，盖古所未有，而后人所不能仿佛也。辄思究其渊源，明其变化之迹，以为非求诸唐宋辽金之文学，弗能得也；乃成《曲录》六卷，《戏曲考原》一卷，《宋大曲考》一卷，《优语录》二卷，《古剧脚色考》一卷，《曲调源流表》一卷。从事既久，续有所得，颇觉昔人之说，与自己之书，罅漏日多，而手所疏记，与心所领会者，亦日有增益。壬子岁莫，旅居多暇，乃以三月之力，写为此书。凡诸材料，皆余所搜集；其所说明，亦大抵余之所创获也。世之为此学者自余始，其所贡于此学者亦以此书为多，非吾辈才力过于古人，实以古人未尝为此学故也。写定有日，辄记其缘起，其有匡正补益，则俟诸异日云。海宁王国维序。

在《宋元戏曲考》成书之前，被王国维尊为"最高之文学"的戏剧，在中国发展的历史同国外一样源远流长，但却从未被写成史、立成学。自从有了《宋元戏曲考》，中国的戏剧才真正进入了文学的殿堂，并带动了小说史和通俗文学的发展。而现代意义上的中国文学史才得以与世界文学接轨，关汉卿的《窦娥冤》才可与莎士比亚的"四大悲剧"比肩。将中国戏曲推向世界，让世界更多地了解中国的戏曲文化，这是《宋元戏曲考》对中国文学的最大贡献。它的问世，不仅为后来的中国戏剧史研究奠定了基础，而且还为中国文学史研究开辟了新的道路。

颐和园一景

（四）长歌当哭——《颐和园词》

武昌起义枪声响起，辛亥革命炮轰清廷。一夜之间，中国的政治局势发生了巨

学林艺海遍开花

变。这一巨变令很多近代学者都一时难以接受。虽然他们中的很多人从未沐浴过皇恩浩荡，但清廷的覆灭还是让他们痛心疾首，这其中就包括国学大师王国维。

王国维不单单是一位学贯中西、博古通今的史学家，更是一位感情丰富、关心国运民命的诗人。他目睹着国家的政变，眼见着各路军阀对政权的虎视眈眈，袁世凯意图窃国、张作霖手握重兵、吴佩孚隔岸观火，段祺瑞狼子野心，中华大地岌岌可危，大清国运山河不再，黎民百姓苦不堪言。历史将这位具有责任感的国学大师推到了时代的转折点上，毋庸讳言，王国维将自己的全部同情、全部哀乐，都倾注于刚刚退出历史舞台的中国最后一个封建王朝，他哀国破、痛国亡，在哀痛之时，写下了这首荡气回肠的七言古诗《颐和园词》：

大清国运山河不再，王国维有着切身之痛

汉家七叶钟阳九，澒洞风埃昏九有。南国潢池正弄兵，北沽门户仍飞牡。仓皇万乘向金微，一去宫车不复归。提挈嗣皇绥旧服，万几从此出宫闱。东朝渊塞曾无匹，西宫才略称第一。恩泽何曾逮外家，咨谋往往闻温室。亲王辅政最称贤，诸将专征捷奏先。迅归樵抢回日月，八方重睹中兴年。联翩方召升朝右，北门独对西平手。因治楼船凿汉池，别营台沼追文圃。西直门西柳色青，玉泉山下水流清。新锡山名呼万寿，旧疏河水号昆明。昆明万寿佳山水，中间宫殿排云起。拂水回廊千步深，冠山杰阁三层峙。隧道盘行凌紫烟，上方宝殿放祈年。更栽火树千花发，不数明珠彻夜悬。是时朝野多丰豫，年年三月迎銮驭。长乐深严苦敝神，甘泉爽垲宜清暑。高秋风日过重阳，佳节坤成启未映。丹陛大陈三部伎，玉卮亲举万年觞。嗣皇上寿称臣子，本朝家法严无比。问膳曾无赐坐时，从游罕讲家人礼。东平小女最承恩，远嫁归来奉紫宸。卧起每偕荣寿主，丹青差喜缪夫人。尊号珠联十六字，太官加豆依前制。别启琼林贮羡余，更营玉府搜珍异。月殿云阶敞上方，宫中习静夜焚香。但祝时平边塞静，千秋万岁未渠央。五十年间天下母，后来无继前无偶。却因清暇话平生，万事何堪重回首？忆昔先皇幸朔方，属车恩幸故难量。内批教写清舒馆，小印新镌同道堂。一朝铸鼎降龙驭，后宫髡绝不能去。北渚何堪帝子愁，南衙复遘丞卿怒。手夷端肃反京师，

《颐和园词》表达了王国维对国破山河碎的哀惋之情

王国维与《人间词话》

《颐和园词》是王国维为灭亡的清朝哀唱的挽歌

永念冲人未有知。为简儒臣严谕教，别求名族正宫闱。可怜白日西南驶，一纪恩勤付流水。甲观曾无世嫡孙，后宫并乏才人子。提携犹子付黄图，劬苦还如同治初。又见法宫冯玉几，更劳武帐坐珠襦。国事中间几翻覆，近年最忆怀来辱。草地间关短毂车，邮亭仓卒芜蒌粥。上相留都树大牙，东南诸将奉王家。坐令佳气腾金阙，复道都人望翠华。自古忠良能活国，于今母子仍玉食。九庙重闻钟鼓声，离宫不改池台色。一自官家静摄频，含饴无异弄诸孙。但看腰脚今犹健，莫道伤心迹已陈。两宫一旦同绵惙，天柱偏先地维折。高武子孙复几人？哀平国统仍三绝。是

雨洗苍苔石兽闲，风摇朱户铜蠡在

时长乐正弥留，茹痛还为社稷谋。已遣伯禽承大统，更扳公旦觐诸侯。别有重臣升御榻，紫枢元老开黄阁。安世忠勤自始终，本初才气尤腾踔。复数同时奉话言，诸王刘泽号亲贤。独总百官居冢宰，共扶孺子济艰难。社稷有灵邦有主，今朝地下告文祖。坐见弥天戢玉棺，独留末命书盟府。原庙丹青俨若神，镜奁遗物尚如新。那知此日

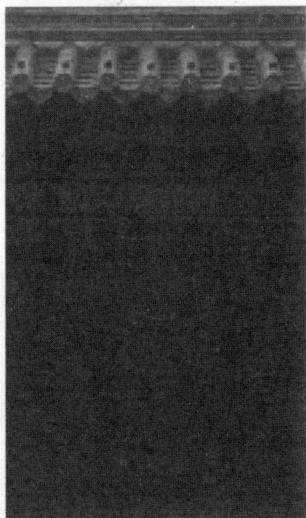

王国维心忧社稷，情系国家

新朝主，便是当时顾命臣！离宫一闭经三载，绿水青山不曾改。雨洗苍苔石兽间，风摇朱户铜蠡在。云韶散乐久无声，甲帐珠帘取次倾。岂谓先朝营楚殿，翻教今日恨尧城？宣室遗言犹在耳，山河盟誓期终始。寡妇孤儿要易欺，讴歌狱讼终何是。深宫母子独凄然，却似滦阳游幸年。昔去会逢天下养，今来劣受厉人怜。虎鼠龙鱼无定态，唐侯已在虞宾位。且语王孙慎勿疏，相期黄发终无艾。定陵松柏郁青青，应为兴亡一扪膺。却忆年年寒食节，朱侯亲上十三陵。

《颐和园词》洋洋洒洒，气度恢弘，一唱三叹，韵味无穷。《颐和园词》是王国维为灭亡的清朝哀唱的挽歌，实际上也是对慈禧太后倒行逆施的控诉。全诗以慈禧为主人公，终其一生的点点滴滴，慈禧太后卖国求荣的丑陋面目暴露无遗。王国维深刻地揭露了清朝灭亡的原因，抒发了自己对国亡的无限感慨。

《颐和园词》是王国维哀清亡的一系列作品之一，他还写了《东征赋》、新《蜀道难》等作品，寄托了自己面对国亡时的无限哀伤。

(五) 经史子集硕果累累

王国维作为国学大师，他研究的领域还涉及到经史子集各个方面，可称得上是处处开花，捷报频传。他在商周史研究、金甲文字考释和探讨《诗》、《书》、《礼》、《乐》、《说文》古文（六国）、秦代籀文，以至汉魏石经、历代尺牍诸领域，都有自己独树一帜的见解。此外，他还研究了中

王国维苦心治学，处处开花，硕果累累

王国维与《人间词话》

《水经注》

国度量衡发展的历史，找出了中国历代尺度"由短而长"的规律，为后世学者研究封建经济发展规律提供了强有力的理论支撑。

1917年春，他撰成了第一篇轰动海内外学术界的甲骨文字研究力作《殷卜辞中所见先公先王考》及《续考》。这两篇文章对甲骨卜辞和商代历史进行了深入的分析，开创了甲骨文字的新纪元，具有划时代意义。

王国维于清华大学研究院任教期间，还完成了对历代《水经注》版本的搜集和校勘，并发表了《水经注跋尾》一文。此项工作历时十年，也是一项浩大的工程，这部著作的完成，对研究中国古代地理起到了非常关键的作用。

王国维在晚年还从事了一项新的研究，那就是关于元史文献资料的辑录、校注和考证。1926年4月，时任清华学校校长的曹云洋拨专款，将王国维的《蒙元史料校注四种》列为《清华研究院丛书》，可见清华当局对此项研究的重视和扶持。王国维的研究为近代中国史学的发展奠定了坚实的基础。

（一）严于律己的学者风范

四　乱世中大师的精神世界

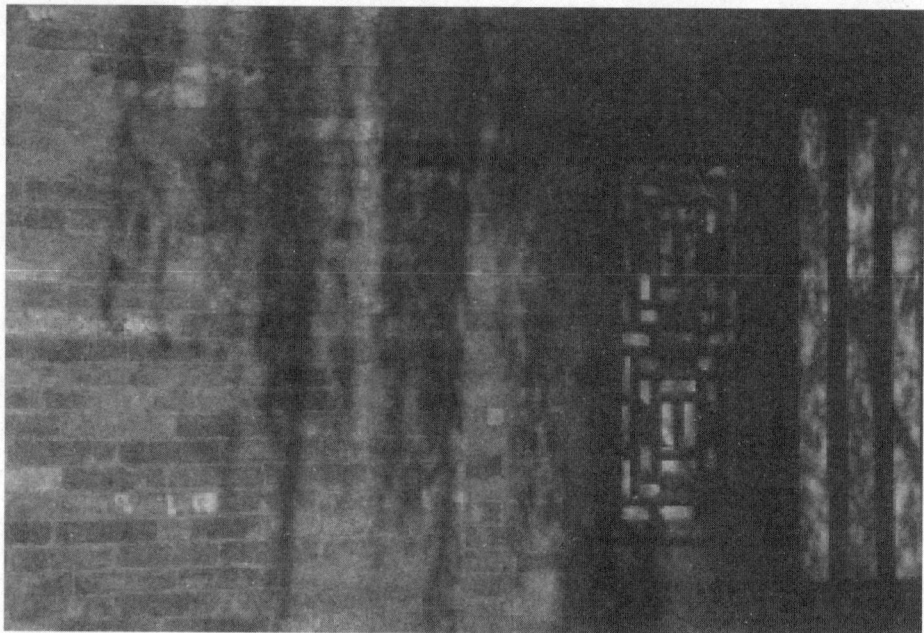

王国维家境清贫，但从没放弃过学术研究

王国维作为国学的一代宗师，一向严格要求自己。他自幼家贫，并没有得什么名师指点，全靠自学和父亲的教诲，但他却自成一家，名垂青史。他所取得的成就是同时代人无法企及的，包括同时期比较有名气的梁启超、章太炎、刘师培、黄侃等人，都不能与王国维相比。他们中间可能有人在某一个领域略胜一筹，却没有一个人能在治学的深度和广度上超越王国维。

王国维为人踏实敦厚、外冷内热，有真正的君子作风。他脚踏实地，虽家境清贫，却从不放弃，有一种勇往直前的精神。他不善交际，更不善与人争夺权势；他淡薄名利，

不求位高名威，但求在学术上有所造诣。即便他如此低调，但在当时无论政界还是学界，仰慕他的人都很多。时任北京大学校长的蔡元培先生，多次高薪邀请他到北大任教，可见，王国维在当时已被公认为学界精英，但北京大学只想借他的名号，不需他亲赴课堂。王国维生性耿介，不善变通，他固执地认为"名誉不受薪"，非要亲历亲为，最终还是亲自来到北京大学举办了很多场讲座，这便体现了他严于律己的学者风范。而以校长蔡元培为首的"北大诸君"，却为聘请王国维这样一位大师、学者，而不惜重金，这也足见王国维在当时学术界的地位。

王国维对清王朝怀有深厚的感情

王国维为人一诺千金，对朋友有求必应，每每都竭尽所能，帮助别人脱离困境。学者、智者、仁者，是对大师最真实的评价。

（二）对清廷的态度

王国维 16 岁便中了秀才，参加过三次科举考试的他，对清王朝有着一份特殊的感情。学术渊博的他早已发现清朝国势已是强弩之末，维持不了多久。可当辛亥革命爆发之时，他还是非常震惊。而当袁世凯意图窃国之时，他又表现得非常愤怒，因而写下了长篇七律《颐和园词》。这足以说明他对清王朝仍怀有很深的感情。

1923 年 4 月，王国维在海宁家中收到了好友罗振玉的一封信，是为他充任"南书房行走"而报喜道贺的，并催促他迅速"入都任职"，这个职位是罗振玉在末代皇帝溥仪那儿为他谋得的。从此，王国维有了直接接触皇帝的机会。上书房行走类似唐朝时候杜甫担任过的"左拾遗"，是专门给皇上提意见的官。

王国维是一个老实人，他蒙皇上隆恩，百感交集。来到上书房以后，他严格遵守人臣之道，克己复礼。上书进谏，直言不讳，不怕惹怒皇上，更不怕得罪权贵，一片忠心。后来罗振玉等人结党营私、拉帮结派，王国维不愿意与这些喜好争权夺势的人为伍，因此对他们的一些行为一直采取回避态度，因而就得罪了自

王国维做官上书房行走时直言不讳，尽职尽责

乱世中大师的精神世界

王国维对清朝廷忠心耿耿，甚至不惜牺牲多年的老友情

己多年的好友罗振玉。加之一些其他的原因，他和罗振玉最终闹到了"断交"的地步。说到底，他还是对清廷忠心耿耿，不愿与他们争权夺势，为了个人利益而损害国家利益。

可见，王国维对清廷的确有一份深厚的感情。

（一）自沉过程

1925年，王国维受聘于清华大学研究院，

五 文人的悲剧命运——大师之死

从事教育工作。两年当中，他稳居在清华园中，一边做学问，一边做教育。上个世纪二十年代后期，中华大地掀起了一股革命热潮，在这场革命与反革命的斗争中，有人流血，有人倒下……

1927 年 6 月 1 日，王国维参加了由清华研究院在工字厅举行的师生叙别会，参加完叙别会后，王国维来到挚友陈寅恪的住处，与陈先生闲谈国事。晚上回到家中，他又接待了几拨来访的研究院学生。6 月 2 日上午，他来到了研究院公事室，与研究院的秘书侯厚培商议下学期研究院工作事宜。十点左右，他从侯厚培那里借了五元钱，乘洋车来到了颐和园。他付

王国维曾受聘于清华大学

王国维与《人间词话》

了车费，并让车夫在园门外等候。直至下午两点左右，家人不见他返回用餐，才派人到研究院询问他的去向。借钱给他的侯厚培也紧张了起来。最终他们在颐和园门口找到了拉王国维的车夫，车夫描述：他奉老先生之命在此等候，到了下午三点多还不见老先生返回，于是向颐和园看门人打听，方知"此人已投湖自尽了"。车夫进园一看，投湖者果然是刚才拉的老先生，正要赶回学校报告。王国维的三子贞明听了车夫的描述后，立即乘坐此车赶到了出事地点，见遗体已经打捞上岸，正是自己的父亲！

王国维在颐和园告别人世

贞明曾向侯厚培哭诉父亲的死因：盖先生年老，湖水虽浅，底皆污泥，入水时必头先触底，以致口鼻俱为泥沙所塞，因之气窒。园丁不知急救术，以是贻误而死，若使当时即以人工呼吸法营救，或能复生。

王国维就这样走了，只给自己的三子贞明留下了寥寥数语的遗书，内容如下：

五十之年，只欠一死，经此世变，义无再辱。我死后，当草草棺敛，即行藁葬于清华园茔地。汝等不能南归，亦可暂于城内居住。汝兄亦不必奔丧，因道路不通，渠又不曾出门故也。书籍可托陈、吴二先生处理。家人自有人料理，必不至不能南归。我虽无财产分文遗汝

巨星陨落，天地同悲

等，然苟谨慎勤俭，亦必不至饿死也。

五月初二日，父字。

（二）哀挽与反响

一代大师，巨星陨落，天地同悲！

侯厚培向校方通报了王国维的死讯后，清华大学召开了紧急会议。研究院同学无不悲痛欲绝，集会组织了王先生"治丧委员会"，并于当晚拟了讣告。

王国维投湖的死讯传到了天津罗宅。之前，罗振玉在朝廷内与人争势，引起了王国维的不满，二人已经产生隔阂。王国维与罗振玉原是亲家关系，王国维的长子潜明娶了罗振玉的二女儿为妻。王国维长子潜明早逝，罗振玉为了替女儿争潜明的遗产，而与王国维对簿公堂，一对老友最终断交。王国维自沉之时，已与罗振玉断绝来往半年有余。因此，当罗振玉听到这个噩耗的时候，非常震惊，急速代拟了一份《遗折》上奏了末代皇帝溥仪，溥仪接到伪折后，也潸然泪下，当即下"诏"给王国维加封"忠悫"。

王国维的正式追悼仪式，于6月14日，即旧俗死后的"二七"之日举行。王国维的生前亲友、清华研究院师生及其他各界

王国维离世后，梁启超、陈寅恪等生前友人为 其送上哀挽诗文，以表怀念之情

人士都送来了挽联及哀挽诗文，其中梁启超为其致联：

其学以通方知类为宗，不仅奇字译鞮，创通龟契；

一死明行已有耻之义，莫将凡情恩怨，猜拟鹓雏。

陈寅恪为他致的挽联是：

十七年家国久魂销，犹馀剩水残山，留与累臣供一死；

五千卷牙签新手触，待检契文奇字，谬承遗命倍伤神。

王国维投湖自沉，激起了巨大的社会反响。

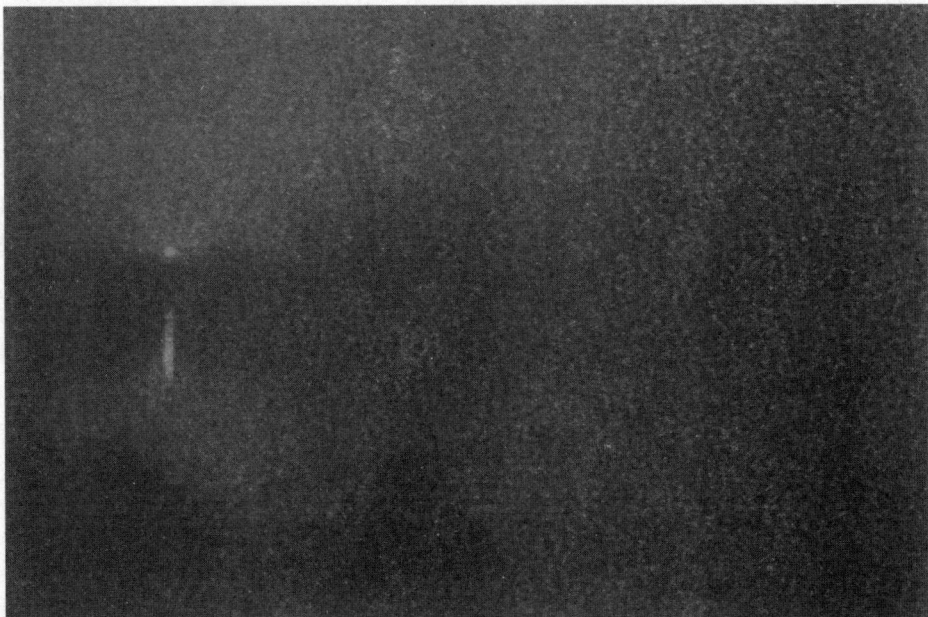

国内外新老学者，不分政治派别，也不论是否与王国维有过交往，莫不痛惜他的自沉。

1929 年 6 月 3 日，王国维逝世二周年忌日，经清华研究院师生努力筹备，"王静安先生纪念碑"在清华园内落成，王国维生前挚友陈寅恪撰写了碑文，全文如下：

海宁王先生自沉后二年，清华研究院同人咸怀思不能自已。其弟子受先生之陶冶煦育者有年，尤思有以永其念。佥曰宜铭之贞珉，以昭示于无竟，因以刻石之词命寅恪。数辞不获已，谨举先生之志事，以普告失下后世。其词曰：士之读书治学，盖将以脱心志于俗谛之桎梏，真理因得以发扬。

清华园内的王国维纪念碑如今还静静地伫立着，讲述着一代国学大师的人生

思想而不自由，毋宁死耳！斯古今仁圣所同殉之精义，夫岂庸鄙之敢望？先生以一死见其独立自由之意志，非所论于一人之恩怨，一姓之兴亡。呜呼！树兹石于讲舍，系哀思而不忘；表哲人之奇节，诉真宰之茫茫。来世不可知者也，先生之著述或有时而不彰；先生之学说或有时而可商。惟此独立之精神，自由之思想，历千载万祀，与天壤而同久，共三光而永光。

中华民国十八年六月三日，二周年忌日，国立清华大学研究院师生敬立。

陈寅恪的这篇碑文，文字凝练，见解独到，论述精深，尤其他评价王国维先生最可贵之处是其"独立之精神，自由之思想"，这也是学术界对王国维先生的普遍认同。

（三）自沉原因分析

王国维先生正当学术壮年，却从容地走向了死亡，是什么原因让先生放弃了事业、放弃了家庭，甚至放弃了生命呢？我们来共同分析：

首先，与先生的性格有关。王国维先生2岁丧母，体素羸弱，性情忧郁。尤其后来接触了西方哲学中的悲剧精神，更令他的性格中充满了悲剧色彩。

其次，爱子的突然离世是导致其轻生的重要原因。1926年9月26日，王国维的长子潜明不幸于上海英年早逝。潜明一直是先生最器重的儿子，老年丧子，白发人送黑发人，对王国维无疑是一个沉重的打击。

再次，与罗振玉断交更让他看清了尘世的纷扰。可以说，没有当年罗振玉的慷慨解囊，就没有王国维在东文学社的学习，也没有他两次东渡日本的经历。王国维受聘于通州师范学校、江苏师范学堂，被末代皇帝任命为"南书房行走"等等事宜，如果没有罗振玉的周旋，都不会达成。可以说，王国维生命中的每一步几乎都与罗振玉相关。但由

王国维自沉与其具有的悲剧色彩的性格有关

文人的悲剧命运——大师之死

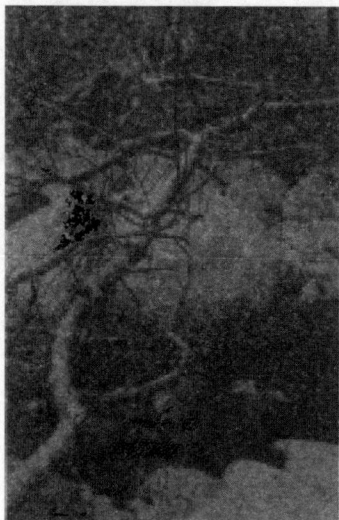
风雪交加、动荡不已的社会现状，令王国维心 生恐惧，想用一死献身学术

于王国维在上书房期间没有相随罗振玉结党营私，因此引起了罗振玉的反感，而王国维对罗振玉的一些行为也是多有不满，二人终是渐行渐远。潜明是罗振玉的女婿，他死后，两家在潜明遗款的收存问题上又产生了分歧，甚至打起了笔墨官司。王国维的敦厚孱弱，罗振玉的咄咄逼人，令矛盾不断升级。最终到了断交的地步。如果不是王国维的自沉震惊了罗振玉，两家的冷战不知什么时候才能结束。罗振玉的不念旧情，强势逼人，也让王国维心灰意冷。所以说，王国维的死与罗振玉不无关系。

最后，革命的声势令大师恐惧受辱。王国维 50 岁生日前后，恰是中国社会的大变动时期，北伐战争，军阀专政，白色恐怖，令人不寒而栗。王国维非常担心北伐军会冲进北京，也担心他会像李大钊一样被军阀残害致死。他的遗书中写道：经此世变，义无再辱。由此我们可以看出，王国维想用死来维护一位学者的尊严，这也是王国维对学术的献身。

（一）《人间词话》话人间

提起王国维，可能有人不知道他的《红楼梦评论》，不知道他的《宋元戏曲考》，

六　叹人间冷暖著《人间词话》

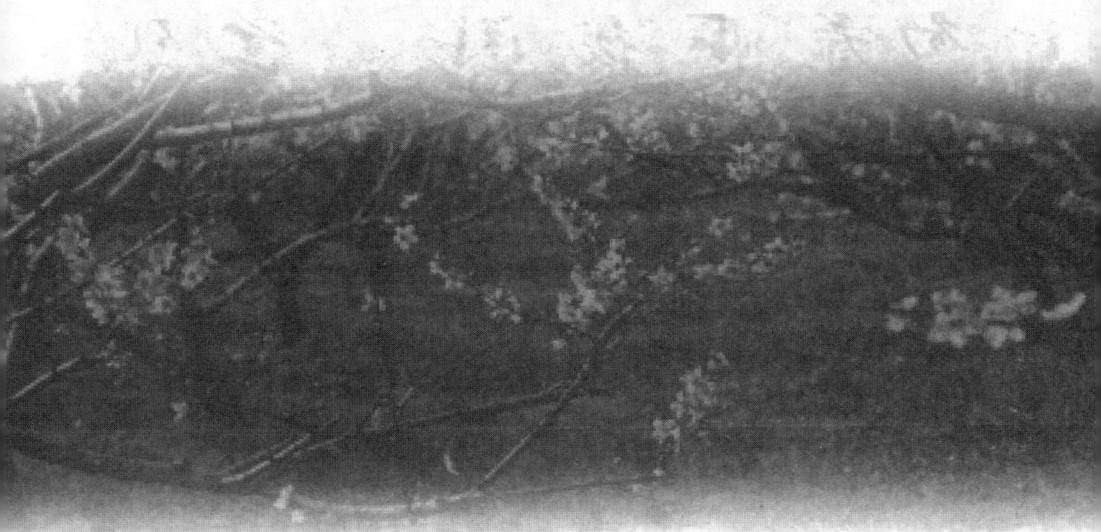

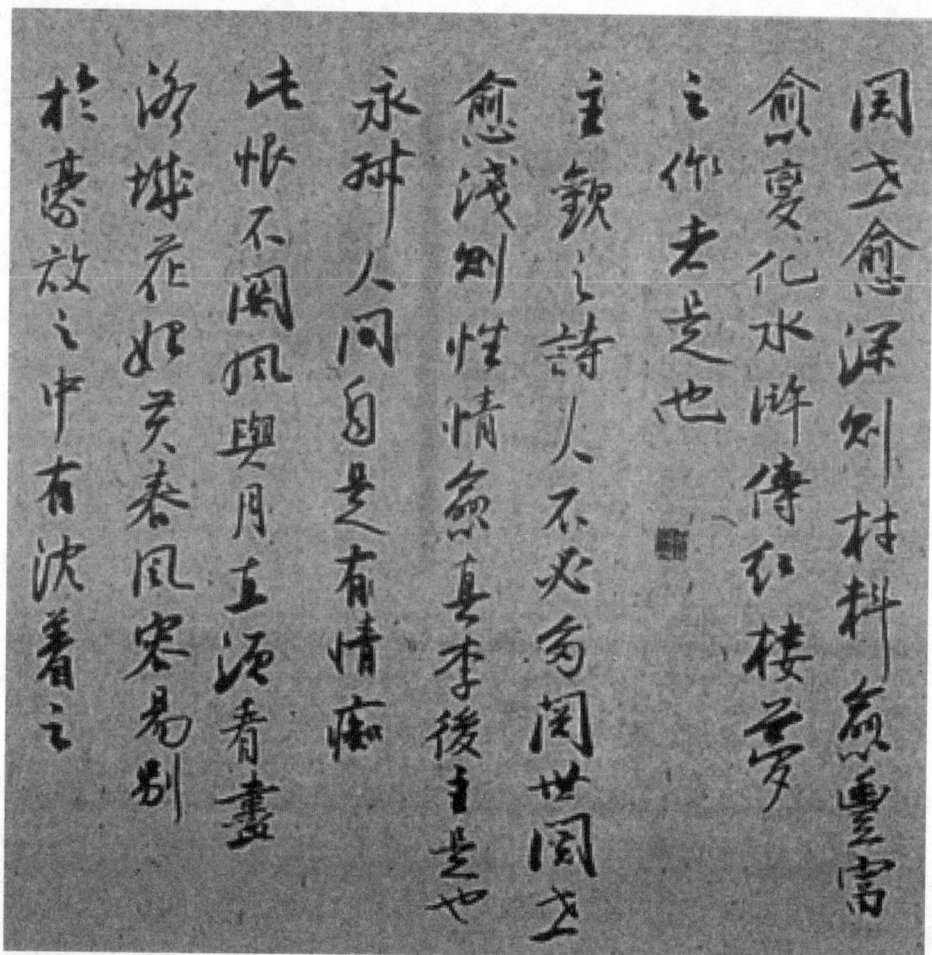

《人间词话》墨迹

国文愈深，则材料愈丰富，愈变化，《水浒》《红楼梦》之作者是也。主观之诗人，不必多阅世间。阅世愈浅，则性情愈真，李后主是也。永叔"人间自是有情痴，此恨不关风与月""直须看尽洛城花，始共春风容易别"，于豪放之中有沈著之致。

但却很少有人不知道他的《人间词话》。

如果说著《红楼梦评论》标志着王国维的第一次学术辉煌，是他醉心哲学，攻读西方哲学(尤其是叔本华)的产物，那么作《人间词话》便是王国维的第二次学术辉煌，是他移师文学，研究词学与词作的重磅出击。他以词话的写作来显示自己"古装"的身份，来嗅闻中国传统文学的芬芳。

《人间词话》是评词的文学批评作品，是王国维关于文学批评的著述中最受人重视的一部，也是他接受西洋美学思想的洗礼之后，以崭新的眼光对中国旧文学所作的评论。在这部著作中，他摒弃了西方理论的局限，力求运用自己的思想见解，尝试将某些西方思想中的重要概念，融入中国固有的传统批评中。在词论界里，许多人把《人间词话》奉为经典。《人间词话》也是晚清以来最有影响的学术著作之一。

从表面上看，《人间词话》与中国传统的文学批评形式没有太大差异，然而，作者却为这种原始的、陈腐的形式注入了一股新鲜的血液，在外表不具理论体系的情况下，为中国未来的诗评构筑了一套简单的理论雏形。这种新旧方式的良好结合，才使得《人间词话》历经几代，仍然备受学人的关注，众多读者都从中受益，领略到了文海的精髓。可惜的是，由于受文体和传统批评模式的限制，很多问题只是作了重点的提示，并没有展开来谈，在立论和说明方面尚有不尽人意之处，所以一百多年来，虽然《人间词话》受到了广泛的赞誉，但也有来自不同方面的批评和指责。

《人间词话》墨迹带读者嗅闻中国古典文学的芬芳

叹人间冷暖，著《人间词话》

但客观地看，《人间词话》的历史地位无人能够撼动。

《人间词话》的内容共有三卷一百四十二则之多，所牵涉的内容极为广泛，所论及的作家多是对文学史有过卓越成就的人。这三卷当中的上卷共收录了词话六十四则，乃是王国维先生自己编选的作品，在他生前已于《国粹学报》上一一发表。这六十四则词话看似无章可循，实则不然。是作者按照一定的体系和文学传统来编排的。

《人间词话》定稿第二十四则便是：

《诗·蒹葭》一篇，最得风人深致。晏同叔之"昨夜西风凋碧树。独上高楼，望尽天涯路"，

《人间词话》带读者嗅闻中国古典文学的芬芳

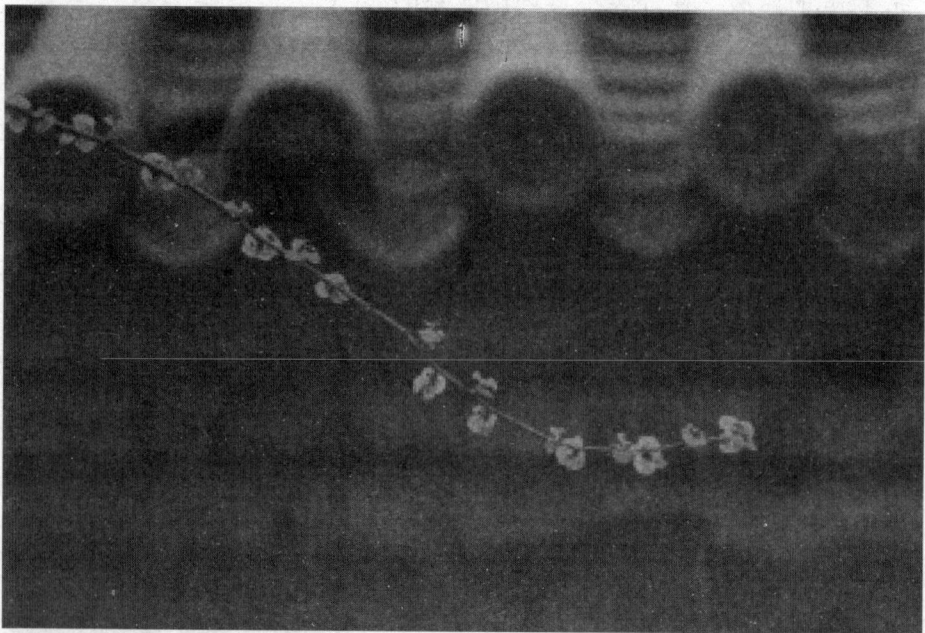

王国维与《人间词话》

《人间词话》为诗评构
筑了新的理论雏形

意颇近之。但一洒落，一悲壮耳。

王国维第一处着笔便论及《诗经》，这便
是"立片言以居要，乃一篇之警策"。这充分
地体现了《诗经》在我国文学艺术史上的地位，
王国维由此着笔，表达了他崇尚传统文学艺术
美的文学主张。

定稿第二十六则是：

古今之成大事业、大学问者，必经过三种
之境界："昨夜西风凋碧树。独上高楼，望尽
天涯路。"此第一境界也。"衣带渐宽终不悔，
为伊消得人憔悴"。此第二境界也。"众里寻
他千百度，回头蓦见，那人正在，灯火阑珊处。"
此第三境界也。此等语皆非大词人不能道。然

叹人间冷暖，著《人间词话》

105

遽以此意解释诸词，恐为晏、欧诸公所不许也。

其文如行云流水，其论晶莹剔透，真正达到了"天也，非人力所能为也"的境界。这也可以说是参悟古今的睿智，感应天人合一的纯情。所以，他的这部《人间词话》既不同于以往普通的学术论著，也不是王国维卖弄文采的读书札记，而是王国维个人真实感怀的创意之作。在他这部看似不经意却惊为天人的作品面前，任何文学评论都会显得黯然失色。王国维写《人间词话》时，刚过而立之年，却能写出如此惊天动地、历久不衰的作品，实属难得。

以上介绍的是《人间词话》中的两则内容，概括地说，《人间词话》可分为批评理论和批评实践两大部分。第一部分是前九则，是王国维对自己论词理论的要点概括：

第一则提出"境界"一词，指出"境界"是评词的根本。

第二则根据境界内容的不同选取，将其分为"造境"与"写境"两种创作手法。

第三则就"我"与"物"的关系加以分析，并将境界再次分为"有我之境"和

王国维指出，"境界"是评词的根本

王国维与《人间词话》

境界分为"有我之境"和"无我之境"

"无我之境"。

第四则就"有我"和"无我"所产生的美感不同，将这两种美感分为"优美"和"壮美"，主要是为第三则作补充。

第五则论写作在材料选取时或根据自然，或依赖虚幻，主要是为第二则作补充。

第六则论境界的营造，不单指景物，也指人内心的感情，为第一则作补充。

第七则以词句为例，阐述如何在作品中营造境界。

第八则指出境界不分大小，不分好坏。

第九则是境界之说的总结。

叹人间冷暖，著《人间词话》

从这九则词话的内容来看，王国维旨在为中国词学创造出一种新的批评基准和理论体系。这九则词话既是提纲挈领，总起全书，又是王国维创立了新的文学批评体式的雏形。要了解《人间词话》，必须领会这九则词话的深刻内涵。

以上九则之后，自第十则至第五十二则乃是按历史年代先后的顺序，对李白、温庭筠、韦庄、李璟、李煜，一直到纳兰性德等诸多历史名家的文学成就进行了分析和论述。这部分是《人间词话》的主体部分，也是批评的实践部分。自第五十三则以后，一直到第六十四则，作者论及了历代文学体式的演变，及诗人与时代的关系问题，这是王国维进行批评实践后，得出的一些重要结论。最后两则兼论及了元曲的两位大家，言外之意，这种境界说的批评模式，不单单适用于古诗词，对元曲也较为合适，但又没有太过详细的论述，为读者留下了一个想象的空间和意犹未尽的结尾。

比如在评价李煜时，王国维是这样说的：

词至李后主而眼界始大，感慨遂深，

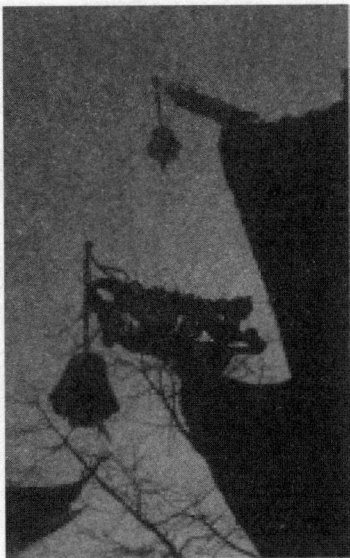

王国维认为写作过程中要注重对意境的营造

叹人间冷暖，著《人间词话》

109

红杏枝头春意闹

遂变伶工之词而为士大夫之词……

在评价李煜时，他毫不吝惜笔墨，原因就在于他认为李煜的词境界高远，感情真挚。

他还说，"红杏枝头春意闹"，着一"闹"字而境界全出；"云破月来花弄影"，着一"弄"字而境界全出。

可见词的境界在作者的心目当中是多么重要，有了作者个人的境界，名句才会产生。所以"有境界"是一首好词的基本条件。这是王国维先生以"境界"论词的根本主旨所在，也是我们在学习《人间词话》时必须要熟知的问题。

王国维在《人间词话》中还讨论了"有我之境"与"无我之境"的问题：

有有我之境，有无我之境。"泪眼问花花不语，乱红飞过秋千去""可堪孤馆闭春寒，杜鹃声里斜阳暮"，有我之境也。"采菊东篱下，悠然见南山""寒波澹澹起，白鸟悠悠下"，无我之境。有我之境，以我观物，故物皆著我之色彩。无我之境，以物观物，故不知何者为我，何者为物。古人为词，写有我之境者为多，然未始不能写无我之境。此在豪杰之士能自树立耳。

王国维通过分析欧阳修的词、陶渊明的诗来论述什么是有我之境，什么是无我之境，清晰明了，言简意赅。"泪眼问花花不语，乱江飞过秋千去"所描写的景物都浸染着诗人浓重的感情色彩，是有我之境。而"采菊东篱下，悠然见南山"则是无我之境，天人和一，自然与人浑然一体，更显境界之高。这是一种超然的美感。体现了文学与艺术的高度融合，我中有你，你中有我，我中无我，你中无你的境界，正是王国维所希望的。

《人间词话》是王国维流连于哲学和文学之间的创世之作，是先生怀着"可信"

泪眼问花花不语

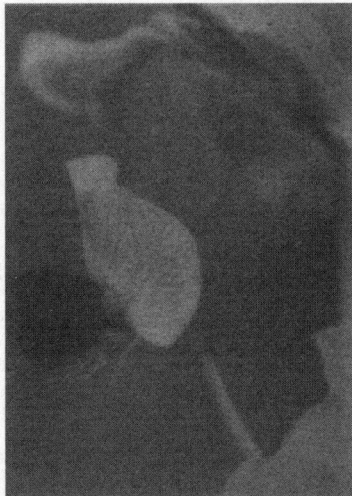

叹人间冷暖，著《人间词话》

王国维用尽毕生才学，造就了文坛上的一朵奇葩

与"可爱"的烦恼，惆怅于"幸福"与"不幸"之间写成的。感性与理性的激烈搏击最终迸发出了"黯淡灯花开又落，窗前明月淡且圆"的火花，这朵闪耀着精湛的理性之光，蕴涵着深幽的感情之美的文坛奇葩，就这样美丽地绽放。《人间词话》是王国维独学深思的结晶，是他体察人生，洞悉学海的心得。《人间词话》的论词说，一百多年来，无人能及，上至千年，谈到文艺批评作品，也没有任何一部作品能与之比肩。尤其是《人间词话》的"三境界"之说，更是精妙绝伦，一语道破文学的玄机，比喻之恰当，语言之精美，可谓句句精当，字字千金。

"三境界"说是《人间词话》的核心，统领其他论点，又是全书的脉络，沟通全部主张。王国维不仅把它视为创作原则，也把它当做批评标准，论断诗词的演变，评价词人的得失、作品的优劣、词品的高低，均从"境界"出发。因此，"三境界"说既是王国维文艺批评的出发点，又是其文艺思想的总归宿。王国维在《人间词话》上所提的"三境界"之说，可称得上是文艺美学新主张，知人论世新思想，影响深远，泽被后世。

王国维的"三境界"说明确揭示出艺术境界内在的特殊矛盾，说明了文艺的本质特征。与前人相比，这是一个新的贡献。文学批评史上，那种只重"言志""抒情"的论点，偏执一端；那种只重形象、画面的论点，偏执另一端。叶燮关于"形依情，情附形"的观点，虽然已为境界说中的本质论奠定了基础，但毕竟是王国维最明确、最系统地阐述了艺术境界中"景"与"情"的关系，自觉地"探其本"，完成了境界说的本质论。王国维认为，景多无限，情也说不尽，"境界"本质上是"景"和"情"两个元素构成的。但不论是客观的"景"，还是主观的"情"，都是"观"——人的精神活

王国维系统地阐述了艺术境界中"景"与"情"的关系

叹人间冷暖，著《人间词话》

动的结果。"情""景"这对特殊矛盾的多样化的对立统一，便形成千姿百态、丰富多彩的文学艺术作品。

王国维根据其文艺观，把多种多样的艺术境界划分为三种基本形态："上焉者，意与境浑；其次，或以境胜；或以意胜。"王国维比较科学地分析了"景"与"情"的关系和产生的各种现象，在中国文学批评史上第一次提出了"造境"与"写境"，"理想"与"写实"的问题。"造境"是作者极逞"创意之才"，充分发挥想象力，使万物皆为我驱遣，"以奴仆命风月"，这正是浪漫主义创作方法的基本特征。"写境"则是作者极

"景"与"情"都是人类精神活动的结果

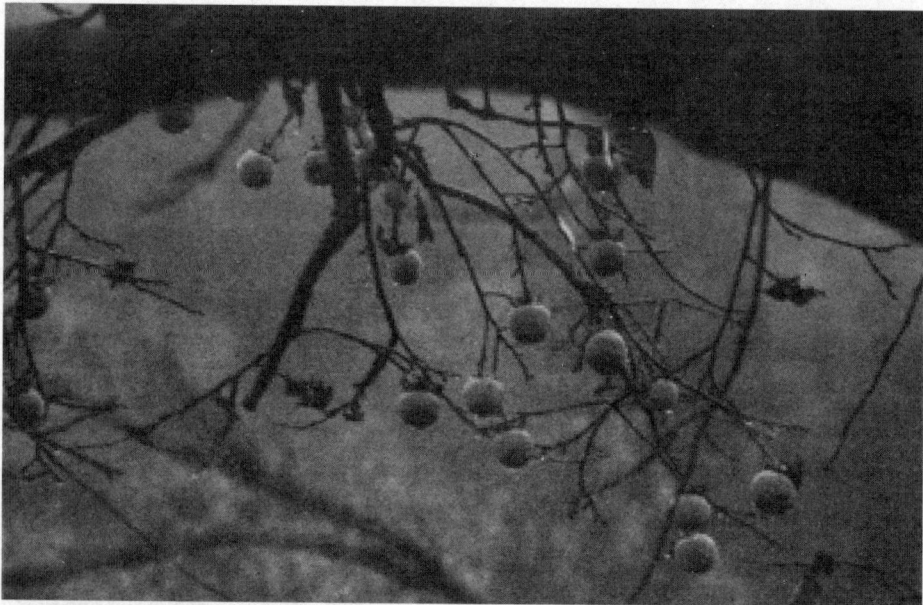

王国维与《人间词话》

逞状物之才，能随物婉转，"能与花鸟共忧乐"，客观的真实受到高度的重视，这正是现实主义创作方法的基本特征。王国维还提出，"理想派"与"写实派"常常互相结合起来，形成一种新的创作方法。而用这种方法创作出来的艺术境界，则不能断然定为"理想派"或"写实派"。在这种境界里，"二者颇难分别，因大诗人所造之境必合乎自然，所写之境亦必邻于理想故也"。自然与理想熔于一炉，"景"与"情"交融成一体。王国维认为，这是上等的艺术境界，只有大诗人才能创造出这种"意与境浑"的境界。王国维还进一步论说文艺创作必有取舍，有主观理想的注入；而虚构或理想，总离不开客观的材料和基本法则。所以，"理想"与"写实"二者的结合有充分的客观根据。现实主义与浪漫主义两种创作方法相结合也有其客观可能性。王国维的见解可谓透彻、精辟。"所造之境必合乎自然"，虽"虚构之境，其材料必求之于自然，而构造亦必从自然之法则"。在当时来说，是一种比较卓越的艺术见解。

王国维还指出，词中所写的形象（境

王国维认为情景交融是上等的艺术境界

叹人间冷暖，著《人间词话》

王国维雕像

界）不管是素描式地写出来，还是由作者综合印象创造出来，它们都不是对事物作纯客观的、无动于衷的描写，而是贯穿作者的理想，即按照作者的观点、感情来选择、安排的。这就进一步说明了文学艺术中的形象是客观事物在作者头脑中的主观反映。当然，王国维并没有明确和具体地论说这一点。这也是《人间词话》的一大遗憾。

王国维是中国近代最后一位重要的美学和文学思想家。他第一个试图把西方美学、文学理论融于中国传统美学和文学理论中，构成新的美学和文学理论体系。从某种意义上说，他既集中国古典美学和文学理论之大成，又开中国现代美学和文学理论之先河。在中国美学和文学思想史上，他是从古代向现代过渡的桥梁，起到了承上启下、继往开来的作用。

（二）时代赋予大师的评价——国学新路的航母

王国维去世距今已经八十余年。追怀古人，回顾历史，我们深入地了解王国维是为了更好地借鉴他为我们留下的学术遗产，正确发扬他孜孜以求、耕耘不辍的学

王国维故居

术精神。王国维先生一生踏实敦厚，却盛年离世，乃是中国学术界的巨大损失。

梁启超在悼辞中说他"在学问上的贡献，那不是为中国所有而是全世界的"。郭沫若说他的"甲骨文字的研究，殷周金文的研究，是划时代的工作"，并且把他在学术上的贡献与鲁迅在文学上的贡献并举，指出王国维是新史学的开山，鲁迅是新文艺的开山。陈寅恪盛赞他的"独立之精神，自由之思想"，也完全是由于他的学术贡献。王国维终其一生，一直是一位忠实而诚挚的学问家。他是近代中国文化学术史上罕见的为学术而生、为学术而死的学者。所以，我们说他的

叹人间冷暖，著《人间词话》

自沉，是在政治大变乱中为维护自己的学者尊严，而以身殉了学术。他在《人间词话》中提出的"古今之成大事业、大学问者，必经过三种境界"，不单在学术界引起了轰动，而且在各个领域都引起了共鸣，并成为很多后继者的座右铭。王国维对近代中国学术的贡献是我们用千言万语都无法形容的，他犹如一个坐标，指引着后人前行。

王国维有诗云："人生过处唯存悔，知识增时只益疑。"（《六月二十七日宿硖石》）进入新世纪以来，"国学"成了一个热门话题，中国传统文明不单引起了国人的关注，而且还吸引了很多世界学者的目光。近代学者一直认为国学是"中国本来就有的文化艺术，是国人应知的学问"，包括三四千年历史文化的学问。现行辞书中对"国学"是这样定义的：国学，指本国固有的学术文化。我们称王国维先生为"国学大师"，原因就在于王国维在近代学术史上成就卓著，他所研究的领域几乎涵盖了中国传统文化的方方面面，而且在研究中，他还介入了很多西方文艺理论来分析和探求，更增添了国学研究的科

王国维倾其一生研究中国的传统文化

王国维与《人间词话》

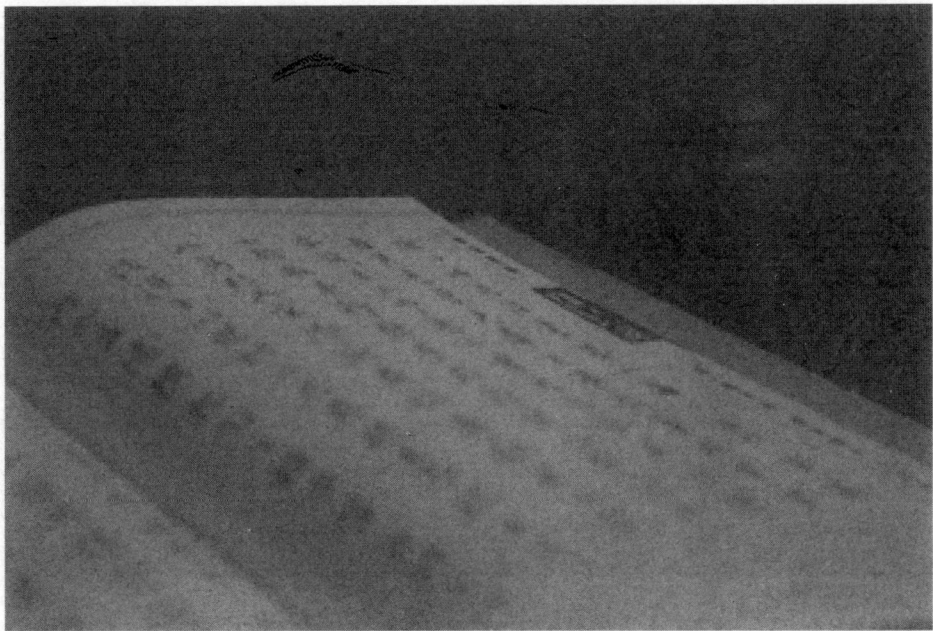

王国维堪称中国国学
的领路人

学性。所以人们不约而同地给他冠以"国学大师"的称号。王国维获此殊荣，当之无愧！

王国维作为一个"研究国学的人物"，他的学术实践，从内容到方法都有别于一般"旧式学者"。他以自己令人折服的学术成就，充分显示了20世纪前半期的"学术变迁的大趋势"。王国维对国学的研究，不但深入到中国传统文化内部，解决了很多亟待解决的问题，而且提高了国学在学术界的地位，吸引了更多目光来关注国学，对中国国学事业的发展起到了非常关键的作用。因此，我们说王国维是中国国学的引路人，是中国国学发展的航母。

叹人间冷暖，著《人间词话》

王国维故居

王国维毕生追求大学问，把自己的终生都献给了祖国的学术事业。在 20 世纪上半叶的中国文化学术舞台上，他是当之无愧的巨匠。在五十余年的短暂一生中，王国维为近代中国文化学术的发展作出了不可磨灭的贡献，迄今为止，无人能与他比肩。他的大批著作，一直受到国内外学者的特别关注，他的著作已经被列为中华文化宝典，屹立于世界学术之林。

国学大师王国维的学术成就令我们赞叹，学术精神更是令万人敬仰。我们只有秉承着大师的足迹，坚守国学的阵地，才能促进祖国文化的发展，才能让我们的时代永葆青春！

王国维与《人间词话》